VOLUPTÉ.

PAR

SAINTE-BEUVE.

TOME PREMIER.

BRUXELLES,
LOUIS HAUMAN ET COMP^e, LIBRAIRES.

1835.

Volupté.

IMPRIMERIE DE C.-J. DE MAT.

VOLUPTÉ.

PAR

SAINTE-BEUVE.

TOME PREMIER.

BRUXELLES,

LOUIS HAUMAN ET COMP°, LIBRAIRES.

M DCCC XXXV.

Le véritable objet de ce livre est l'analyse d'un penchant, d'une passion, d'un vice même, et de tout le côté de l'âme que ce vice domine, et auquel il donne le ton; du côté languissant, oisif, attachant, secret et privé, mystérieux et furtif, rêveur jusqu'à la subtilité, tendre jusqu'à la mollesse, voluptueux enfin. De-là ce titre de *Volupté*, qui a l'inconvénient toutefois de ne pas s'offrir de lui-même dans le juste sens, et de faire naître à l'idée quelque chose de plus attrayant qu'il ne convient. Mais ce titre, ayant été d'abord publié, un peu à la légère, n'a pu être ensuite retiré. L'éditeur de cet ouvrage a jugé d'ailleurs que les personnes assez scrupuleuses pour s'éloigner sur un titre équivoque perdraient peu, réellement, à ne pas lire un écrit dont la moralité, toute sérieuse qu'elle est, ne s'adresse qu'à des cœurs moins purs et moins précautionnés. Quant à ceux, au contraire, qui seraient attirés précisément par ce qui pourrait éloigner les autres, comme ils n'y trouveront guère ce qu'ils cherchent, le mal n'est pas grand. L'auteur, le personnage non fictif du récit, est mort, il y a un petit nombre d'années, dans l'Amérique du nord où il occupait un siége éminent : nous ne l'indiquerons pas davantage. Le dépositaire, l'éditeur, et, s'il est permis de le dire, le rapsode à quelques égards, mais le rapsode toujours fidèle et respectueux de ces pages, a été retenu, avant de les livrer au public, par des circonstances autres encore que des soins de forme et d'arrangement. Au nombre des questions de conscience qu'il s'est longuement posées, il faut mettre celle-ci : une telle pensée décrite, détaillée à bonne fin, mais toute confidentielle, une sorte de confession générale sur un point si chatouilleux de l'âme, et dans laquelle le grave et tendre personnage s'accuse si souvent lui-même de dévier de la sévérité du but, n'ira-t-elle pas contre les intentions du chrétien, en sortant ainsi inconsidérément du sein malade où il l'avait déposée, et qu'il voulait par-là guérir ? Cette guérison délicate d'un tel vice *par son semblable*, doit-elle se tenter autrement que dans l'ombre, et pour un cas tout-à-fait déterminé et d'exception? Voilà ce que je me suis demandé long-temps. Puis, quand j'ai reporté les yeux sur les temps où nous vivons, sur cette confusion de systèmes, de désirs, de sentimens éperdus, de confessions et de nudités de toutes sortes, j'ai fini par croire que la publication d'un livre vrai aurait peine à être un mal de plus, et qu'il en pourrait même sortir ça et là quelque bien pour quelques-uns.

VOLUPTÉ.

Mon ami, vous désespérez de vous ; avec l'idée du bien et le désir d'y atteindre, vous vous croyez sans retour emporté dans un cercle d'entraînemens inférieurs et d'habitudes mauvaises. Vous vous dites que le pli en est pris, que votre passé pèse sur vous et vous fait choir, et, invoquant une expérience malheureuse, il vous semble que vos résolutions les plus fermes doivent céder toujours au moindre choc, comme ces portes banales dont les gonds polis et trop usés ne savent que tourner indifféremment et n'ont pas même assez de résistance pour gémir. Pourtant, vous me l'avez assez de fois confié, votre mal est simple, votre plaie unique. Ce n'est ni de la fausse science, ni de l'orgueilleux amour de la domination, ni du besoin factice d'éblouir et de paraître, que vous êtes travaillé. Vos goûts sont humbles ; votre cœur modeste, après le premier enivrement des doctrines diverses, vous a averti que la vérité n'était pas là, bien qu'il y en eût partout des fragmens épars. Vous savez que les disputes fourvoient, que l'étude la plus saine, pour fructifier, doit s'échauffer à quelque chose de plus intime et de plus vif; que la science n'est qu'un amas mobile qui a besoin de support et de dôme ; océan plein de périls et d'abîmes, dès qu'il ne réfléchit pas les cieux. Vous savez cela, mon ami, et vous me l'avez exprimé souvent dans vos lettres ou dans nos dernières causeries, mieux que je ne le pourrais reproduire. Vous n'avez non plus aucune de ces sottes passions artificielles qui s'incrustent comme des superfétations monstrueuses ou grotesques à l'écorce des sociétés vieillies; vous êtes une nature vraie, et vous avez su demeurer sincère. Arrivé jeune à un degré honorable dans l'estime publique par votre esprit et vos talens, vous appréciez ces succès à leur valeur; vous ne prenez pas là votre point d'appui pour vous élever plus haut, et ce n'est nullement par cette anse fragile que vous cherchez à mettre la main sur votre avenir. Exempt de tant de fausses vues, libre de tant de lourdes chaînes, avec des ressources si nombreuses, ce semble, pour accomplir votre destination et vous sauver du naufrage, vous vous plaignez toutefois ; vous ne croyez plus à votre pouvoir, à votre direction, à vous-même, et sans qu'il y ait pour vous encore de quoi désespérer ainsi, vous avez, je l'avoue, quelque raison de craindre. Un seul attrait, mais le plus perfide, le plus insinuant de tous, vous a séduit dès long-temps, et vous vous y êtes livré avec imprudence. La volupté vous tient. Don corrompu du créateur, vestige, emblème et gage d'un autre amour, trésor pernicieux et cher qu'il nous faut porter dans une sainte ignorance, ensevelir à jamais, s'il se peut, sous nos manteaux obscurs, et qu'on doit, si l'on en fait usage, ménager chastement comme le sel le plus blanc de l'autel, la volupté a été pour vous de bonne heure un vœu brillant, une fleur humide, une grappe savoureuse où montaient vos désirs, l'aliment unique en idée, la couronne de votre jeunesse. Votre jeunesse l'a donc cueillie, et elle n'a pas été satisfaite de ce fruit étrange, et, noyée dans ce parfum, elle ne s'est pas trouvée plus fraîche ni plus belle. Vous avez continué néanmoins de poursuivre ce qui vous avait fui ; d'exprimer de ces calices de nouvelles odeurs toujours aussi vite dissipées. La volupté, qui vous était d'abord une inexprimable séduction, s'est convertie par degrés en habitude ; mais sa fatigue monotone n'ôte rien à son empire. Vous savez à l'avance ce qu'elle vaut, ce qu'elle vous garde, à chaque fois, de mécomptes amers et de regrets ; mais qu'y faire ? elle a rompu son lien qui la refoulait aux parties inférieures et inconnues ; elle a saisi votre chair, elle flotte dans votre sang, serpente en vos veines, scintille et nage aux bords de vos yeux ; un regard échangé où elle se mêle suffit à déjouer les plus austères promesses. C'est là votre mal. Le premier entraînement a fait place à l'habitude, et l'habitude après quelque durée, et quand aucune violence analogue à l'âge ne la motive plus, s'appelle un vice. Vous sentez la pente, et lentement vous y glissez. Hâtez-vous de vous relever, mon ami, il le faut et vous le pouvez en le voulant. Sevrez-vous une fois, et vous admirerez combien il vous est concevable de guérir. Je n'ai pas toujours été tel moi-même que vous me voyez : avant d'arriver à la base solide, au terme des erreurs et au développement de mes faibles facultés dans un but plus conforme au dessein suprême, — avant cette ardeur décidée pour le vrai, dont vous faites honneur à ma nature, et cette existence rude, active, et pourtant sereine, qui ne m'est pas venue par enchantement, j'ai vécu, mon jeune ami, d'une vie sans doute assez pareille à la vôtre. J'ai subi, comme vous, un long et lâche malaise provenant de la même cause; les accidens particuliers qui en ont marqué et changé le cours ressemblent peut-être à votre cas plus que vous ne le croyez. Quand on a un peu vieilli et comparé, cela rabat l'orgueil, de voir à quel point le fond de nos destinées, en ce qu'elles ont de misérable, est le même. On croit posséder en son sein d'incomparables secrets; on se flatte d'avoir été l'objet de fatalités singulières, et, pour peu que le cœur des autres, le cœur de ceux qui nous coudoient dans la rue, s'ouvre à nous, on s'étonne d'y apercevoir des misères toutes semblables, des combinaisons équivalentes. Au point de départ, dans l'essor commun d'une même génération de jeunesse, il semble, à voir ces activités contemporaines qui se projettent diversement, qu'il va en résulter des différences inouïes. Mais un peu de patience, et bientôt toutes ces courbes diverses se seront abaissées avec une sorte d'uniformité, tous les épis de cette gerbe retomberont, les uns à droite, les autres à gauche, également penchés : heureux le grain mûr qui, en se détachant, résonnera sur l'aire, et qui trouvera grâce dans le van du Vanneur !

Les élémens de nos destinées, mon ami, étant à peu près semblables, et tout cœur humain complet, dans la société actuelle, passant par des phases secrètes dont les formes et le caprice même ne varient que légèrement, il ne faut pas plus se désespérer que s'enorgueillir des situations extrêmes, des affaissemens profonds où l'on se trouve réduit en sa jeunesse. C'est à l'issue qu'il convient de s'attacher; c'est dans le mode d'impression intime qu'on reçoit de ces traverses et dans la moralité pratique qu'on en tire, que consiste notre signe original et distinctif, notre mérite propre, notre vertu avec l'aide de Dieu. Vous m'avez plus d'une fois sondé indirectement, mon ami, sur l'époque déjà bien éloignée où

j'ai dû subir cette crise, pour moi salutaire :
je veux vous répondre à loisir aujourd'hui.
Dans cette espèce de retraite forcée où des circonstances passagères me confinent, privé d'études suivies, entouré d'étrangers dont je parle
mal la langue, je m'entretiendrai chaque jour
quelques heures avec vous; je recommencerai,
une dernière fois, de feuilleter en mon cœur
ces pages trop émouvantes, auxquelles je n'ai
pas osé toucher depuis si long-temps; je vous
les mettrai de côté, une à une; sans art, sans
peinture, dans l'ordre un peu confus où elles
me viendront, et si plus tard, en lisant cela, vous
en déduisez quelque profitable application à
vous-même, je ne croirai pas avoir tout-à-fait
perdu, pour les devoirs de mon état, ces deux
ou trois mois d'inaction et de solitude.

I.

J'avais dix-sept ou dix-huit ans quand j'entrai dans le monde ; le monde lui-même alors se rouvrait à peine et tâchait de se recomposer après les désastres de la révolution. J'étais resté jusque-là isolé, au fond d'une campagne, étudiant et rêvant beaucoup, grave, pieux et pur. J'avais fait une bonne première communion, et, durant les deux ou trois années qui suivirent, ma ferveur religieuse ne s'était pas attiédie. Mes sentimens politiques se rapportaient à ceux de ma famille, de ma province, de la minorité dépouillée et proscrite ; je me les étais appropriés dans une méditation précoce et douloureuse, cherchant de moi-même la cause supérieure, le sens de ces catastrophes qu'autour de moi j'entendais accuser comme de soudains accidens. C'est une école inappréciable pour une enfance recueillie, de ne pas se trouver dès sa naissance, et par la position de ses entours, dans le mouvement du siècle, de ne pas faire ses premiers pas avec la foule au milieu de la fête, et d'aborder à l'écart la société présente par une contradiction de sentimens qui double la vigueur native et hâte la maturité. Les enfances venues en plein siècle et que tout prédispose à l'opinion régnante, s'y épuisent plus vite et confondent long-temps en pure perte leur premier feu dans l'enthousiasme général. Le trop de facilité qu'elles trouvent à se rendre compte de ce qui triomphe, les disperse souvent et les évapore. La résistance, au contraire, refoule, éprouve, et fait de bonne heure que la volonté dit *Moi*. De même, pour la vigueur physique, il n'est pas indifférent de naître et de grandir le long de quelque plage, en lutte assidue avec l'Océan.

Ces chastes années, qui sont comme une solide épargne amassée sans labeur et prélevée sur la corruption de la vie, se prolongèrent

donc chez moi fort avant dans la puberté, et
maintinrent en mon âme, au sein d'une pensée
déjà forte, quelque chose de simple, d'humble
et d'ingénument puéril. Quand je m'y reporte
aujourd'hui, malgré ce que Dieu m'a rendu
de calme, je les envie presque, tant il me fallait peu alors pour le plus saint bonheur! Silence, régularité, travail et prière; allée favorite où j'allais lire et méditer vers le milieu du
jour, où je passais (sans croire redescendre) de
Montesquieu à Rollin; pauvre petite chambre,
tout au haut de la maison, où je me réfugiais
loin des visiteurs, et dont chaque objet à sa
place me rappelait mille tâches successives d'é-
tude et de piété; toit de tuiles où tombait éternellement ma vue, et dont elle aimait la mousse
rouillée plus que la verdure des pelouses; coin
de ciel inégal à l'angle des deux toits, qui m'ou-
vrait son azur profond, aux heures de tristesse,
et dans lequel je me peignais les visions du pudique amour! Ainsi discret et docile, avec une
nourriture d'esprit croissante, on m'eût cru à
l'abri de tout mal. Cela me touche encore et
me fait sourire d'enchantement, quand je songe
avec quelle anxiété personnelle je suivais dans
l'histoire ancienne les héros louables, les con-

quérans favorisés de Dieu, quoique païens, Cyrus par exemple, ou Alexandre avant ses débauches. Quant à ceux qui vinrent après Jésus-Christ, et dont la carrière eut des variations, mon intérêt redoublait pour eux. J'étais sur les épines tant qu'ils restaient païens ou dès qu'ils inclinaient à l'hérésie : Constantin, Théodose, me causaient de vives alarmes; la fausse route de Tertullien m'affligeait, et j'avais de la joie d'apprendre que Zénobie était morte chrétienne. Mais les héros à qui je m'attachais surtout, en qui je m'identifiais avec une foi passionnée et libre de crainte, c'étaient les missionnaires des Indes, les jésuites des Réductions, les humbles et hardis confesseurs des *Lettres édifiantes*. Ils étaient pour moi ce qu'à vous, mon ami, et aux enfans du siècle étaient les noms les plus glorieux et les plus décevans, ceux que votre bouche m'a si souvent cités, les Barnave, les Hoche, madame Roland ou Vergniaux. Dites aujourd'hui vous-même, croyez-vous mes personnages moins grands que les plus grands des vôtres? Ne les croyez-vous pas plus purs que les plus purs? En fait de vie sédentaire et reposée, j'avais une prédilection particulière pour celle de M. d'Aguesseau écrite par son fils.

Et à ce sujet je vous dirai encore : le désir de savoir le grec m'étant venu par suite des récits qu'en font d'Aguesseau et Rollin, et personne autour de moi ne pouvant guère en déchiffrer que les caractères, je l'abordai sans secours, opiniâtrément; et, tout en l'étudiant ainsi, je me berçais dans ma tête d'aller l'apprendre bientôt en ce Paris où seulement on le savait. Paris pour moi, c'était le lieu du monde où le grec m'aurait été le plus facile ; je n'y voyais que cela. Il y eut à ce début des momens où je mettais tout mon avenir d'ambition et de bonheur à lire un jour couramment Ésope, seul, par un temps gris, au retour des leçons savantes, sous un pauvre petit toit qui m'aurait rappelé le mien, en quelqu'une de ces rues désertes où Descartes était resté enseveli trois années. Or comment, avec ces goûts réglés, cette frugalité d'imagination et dans cette saine discipline, l'idée de volupté vint-elle à s'engendrer doucement? Car elle naquit dès-lors, elle gagna peu à peu en moi par mille détours et sous de perfides dissimulations.

J'avais eu pour maître, pour professeur de latin, jusqu'à treize ans environ, un homme d'une simplicité extrême, d'une parfaite ignorance du monde, d'ailleurs fort capable de ce qu'il se chargeait de m'enseigner. Le bon M. Ploa, retardé par un événement de famille au moment d'entrer dans les ordres, n'avait jamais été que tonsuré. En esprit, en mœurs, en savoir, il s'était arrêté justement à cette limite qu'il est dans la loi de toute organisation complète de franchir, afin que l'épreuve humaine ait son cours. Lui, par une exception heureuse, depuis des années qu'un simple contre-temps l'avait retenu, il demeurait sans effort à la modestie de ses goûts, à ses auteurs de classe, à ses vertus d'écolier, à son plain-chant dont il ne perdait pas l'usage, aux jugemens généraux que l'enseignement de ses maîtres lui avait transmis. Nul doute ne lui était jamais venu, nulle passion ne s'était éveillée en cette âme égale où l'on ne pouvait apercevoir d'un peu remuant qu'une chatouilleuse et bien justifiable vanité dès qu'il s'agissait d'un sens de Virgile ou de Cicéron. La révolution, en le confinant quelque temps au fond de notre contrée, m'avait permis de profiter de ses soins : plus tard, quand l'aspect des choses parut s'éclaircir, il nous avait quittés pour devenir professeur de rhétorique au collége de la petite ville d'O.... De mon côté, tout soumis que j'aimais à être, et plein de confiance en ses décisions, j'allais plus loin pourtant que l'excellent M. Ploa, et je me risquais quelquefois, avec une pointe de fierté, à des lectures qu'il se fût interdites. Sur ce chapitre au reste il était d'une candeur singulière. N'ayant jamais lu jusqu'alors, par je ne sais quel scrupule aidé de paresse, le quatrième chant de l'Énéide, bien que l'Énéide ne sortît guère depuis dix ans de sa poche ni de ses mains, il imagina, pour lire plus commodément ce livre, de me le faire expliquer; ce dont je me tirai parfaitement. Il me le fit même apprendre et réciter par cœur. Je traduisis de la sorte avec lui les Odes voluptueuses d'Horace à Pyrrha, à Lydé; je connus les *Tristes* d'Ovide, et comme il s'y rencontre fréquemment certaines expressions latines que M. Ploa rendait en général par *privautés*, moi, qui ne savais pas la signification de ce mot, je la lui demandai un jour à l'étourdie; il me fut répondu que j'apprendrais cela plus tard, et je me tins coi, rougissant au vif. Après deux ou trois questions pareilles où se mordit ma langue, je n'en fis plus. Mais quand j'expliquais tout haut devant lui les poètes, il y avait des passages obscurs et suspects pour moi de volupté, qui me donnaient d'avance la sueur au front, et sur lesquels je courrais comme sur des charbons de feu.

Un séjour de six semaines que je fis vers quinze ans au château du comte de....., ancien ami de mon père, et durant lequel je me trouvai tout triste et dépaysé, développa en moi ce penchant dangereux à la tendresse, que mes habitudes régulières avaient jusque-là contenu. Un inexplicable ennui du logis natal s'empara de mon être; j'allais au fond des bosquets, récitant avec des pleurs abondans le psaume : *Super flumina Babylonis;* mes heures s'écoulaient dans un monotone oubli, et il fallait souvent qu'on m'appelât en criant par tout le parc pour m'avertir des repas. Le soir, au salon, j'entendais en cercle *Clarisse,* que l'estimable demoiselle de Perkes se faisait lire à haute voix par son neveu, et ma distraction s'y continuait à l'aise comme au travers d'une musique languissante et plaintive. De retour à la maison après cette absence, j'abordai les élégiaques latins autres qu'Ovide; les passages mélancoliques m'en plaisaient surtout, et je redisais à l'infini, le long de mon sentier, comme un doux air qu'on module involontairement, ces quatre vers de Properce :

> *Ac veluti folia arentes liquére corollas,*
> *Quæ passim calathis strata natare vides,*
> *Sic nobis qui nunc magnum spiramus amantes*
> *Forsitan includet crastina fata dies.*

Je me répétais aussi, sans trop le comprendre, et comme motif aimable de rêverie, ce début d'une chanson d'Anacréon : *Bathyle est un riant ombrage*. Un nouveau monde inconnu remuait déjà dans mon cœur.

Je n'avais pourtant aucune occasion de voir des personnes du sexe qui fussent de mon âge ou desquelles mon âge pût être touché. J'eusse d'ailleurs été très-sauvage à la rencontre, précisément à cause de mon naissant désir. La moindre allusion à ces sortes de matières dans le discours était pour moi un supplice et comme un trait personnel qui me déconcertait : je me troublais alors et devenais de mille couleurs. J'avais fini par être d'une telle susceptibilité sur ce point, que la crainte de perdre contenance, si la conversation venait à effleurer des sujets de mœurs et d'honnête volupté, m'obsédait perpétuellement et empoisonnait à l'avance pour moi les causeries du dîner et de la veillée. Une si excessive pudeur tenait déjà elle-même à une maladie; cette honte superstitieuse accusait quelque chose de répréhensible. Et en effet si, devant l'univers, je refoulais ces vagues et inquiétantes sources d'émotions jusqu'au troisième puits de mon âme, j'y revenais ensuite trop complaisamment en secret; j'appliquais une oreille trop curieuse et trop charmée à leurs murmures.

De dix-sept à dix-huit ans, lorsque j'entamai un genre de vie un peu différent, que je me mis à cultiver davantage et pour mon propre compte plusieurs de nos voisins de campagne, et à faire des courses fréquentes, des haltes de quelques jours à la ville, cette idée fixe touchant le côté voluptueux des choses ne me quitta pas; mais, en devenant plus profonde, elle se matérialisa pour moi sous une forme bizarre, chimérique, tout-à-fait malicieuse, qui ne saurait s'exprimer en détail dans sa singularité. Qu'il me suffise de vous dire que je m'avisai un jour de me soupçonner atteint d'une espèce de laideur qui devait rapidement s'accroître et me défigurer. Un désespoir glacé suivit cette prétendue découverte. J'affectais le mouvement, je souriais encore et composais mes attitudes, mais au fond je ne vivais plus. Je m'étonnais par momens que d'autres n'eussent pas déjà saisi à ma face la même altération que j'y croyais sentir ; les regards qu'on m'adressait me semblaient de jour en jour plus curieux ou légèrement railleurs. Parmi les jeunes gens de ma connaissance, j'étais sans cesse occupé de comparer au mien et d'envier les plus sots visages. Il y avait des semaines entières où je redoublais de déraison, et où la crainte de n'être pas aimé à temps, de me voir retranché de toute volupté par une rapide laideur, ne me laissait pas de relâche. J'étais comme un homme au commencement d'un festin, qui a reçu une lettre secrète par laquelle il apprend son déshonneur, et qui pourtant tient tête aux autres convives, prévoyant à chaque personne qui entre que la nouvelle va se répandre et le démasquer. Mais ce n'était là, mon ami, qu'un détour particulier, une ruse inattendue de la sirène née avec nous, qui s'est glissée à l'origine et veut triompher en nos cœurs; ce n'était qu'un moyen perfide de m'arracher brusquement aux simples images de l'idéale et continente beauté, de m'amener plus vite à l'attrait sensuel en m'opposant la difformité en perspective. C'était une manière moins suspecte et toute saisissante de rajeunir l'éternelle flatterie qui nous pousse à nos penchans, et de m'inculquer d'un air d'effroi, sans trop révolter mes principes, ces langoureux conseils, au fond toujours semblables, de se hâter, de cueillir à son temps la première fleur, et d'employer dès ce soir même la grâce passagère de la vie.

L'unique résultat de cette folle préoccupation fut donc de me jeter à l'improviste bien loin du point où elle m'avait trouvé. Mon doux régime moral ne se rétablit pas; mes habitudes saines s'altérèrent. Cette idée de femme, une fois évoquée à mes regards, me demeura présente, envahit mon être et y rompit la trace des impressions antérieures. Ma religion se sentit pâlir. Je me disais que, pour le moment, l'essentiel était d'être homme, d'appliquer quelque part (n'importe où!) mes facultés passionnées, de prendre possession de moi-même et d'un des objets que toute jeunesse désire; — sauf à me repentir après,

et à confesser l'abus. Une difficulté particulière, ...
. . . .
. . . .
. . . .
. . . . , s'étant tout d'un coup révélée à moi par les lectures techniques que je fis à cette époque, ajoutait encore à mon embarras et le compliquait plus que je ne saurais rendre; j'étais averti d'un obstacle réel, obscur, quand toutes les chimères de l'imagination me criaient de me hâter. Je ne crains pas, mon ami, d'entr'ouvrir à vos yeux ces misères honteuses, pour que vous ne désespériez pas des vôtres, qui ne sont peut-être pas moins petites, et parce que bien souvent tant d'hommes, qui font les superbes, n'obéissent pas dans les chances décisives de leur destinée à des mobiles secrets plus considérables. On serait stupéfait si l'on voyait à nu combien ont d'influence, sur la moralité et les premières déterminations des natures les mieux douées, quelques circonstances à peine avouables, le pois chiche ou le pied bot, une taille croquée, une ligne inégale, un pli de l'épiderme ; on devient bon ou fat, mystique

ou libertin à cause de cela. Dans l'état de faiblesse étrange où, par suite des désordres de nos pères et des nôtres, nous est arrivée notre volonté, de tels grains de sable, placés ici ou là, au début du chemin, la font broncher et la retournent : on recouvre ensuite cette pauvreté de sophismes magnifiques. Pour moi, qui sais combien d'heures d'ardente manie, en cet âge d'intelligence et de force, j'ai passées seul, navré, à remuer, à ronger de l'ongle, à enfoncer dans ma chair ce gravier imaginaire que j'y croyais sentir ; qui eusse payé joyeusement alors du prix de mon éternité l'obstacle évanoui, la séduction facile, la beauté de la chevelure et du visage, répétant avec le poète ce mot du Troyen adultère : « Il n'est pas permis de repousser les » aimables dons de Vénus ; » — pour moi qui de ces lâchetés idolâtres me relevais, par courts accès, jusqu'à l'effort du cloître et aux aspérités du calvaire ; qui ai donc éprouvé, dans ce désarroi chétif des puissances de l'âme, ce qui se ballotte en nous de monstrueusement contradictoire, ce qui s'y dépose au hasard de contagieux, d'impur, et d'où peut résulter notre perte, ô mon Dieu ! — je ne crois plus tant aux explications fastueuses des hommes; je ne vais pas chercher bien haut, même dans les plus nobles cœurs, l'origine secrète de ces misères qu'on dissimule ou qu'on amplifie. Mais sans trop presser, mon ami, ce qui serait la rougeur de bien des fronts, sans croire surtout dérober ses mystères à celui qui seul sait sonder nos reins, je ne vous parlerai ici que de moi. A ce premier bouleversement chimérique, que nul n'a jamais soupçonné, se rattache le principe de mes erreurs et la trop longue déviation de ma vie. L'amour-propre fit honte dès-lors à la docile simplicité, et, sans entreprendre de révolte en règle, il ne perdit aucune occasion de jeter, en se jouant, ses doutes, comme des pierres capricieuses, à travers l'ombrage révéré où s'était nourrie mon enfance. L'activité politique se substitua insensiblement chez moi à la piété, et mes rapports personnels avec les gentilshommes du pays m'initièrent aux tentatives de l'émigration et des princes. Ainsi j'allais me modifiant d'un tour rapide, par diversion à mon idée dominante, et quand cette espèce d'hystérie morale, qui dura bien un an en tout, fut dissipée, quand je reconnus, en riant aux éclats, que j'avais cru en dupe à ma seule fantaisie, mon courant d'idées n'était déjà plus le même, et les impressions acquises me demeurèrent.

II.

Dans le trajet de ces fréquentes allées et venues et durant mes courses à cheval de chaque jour à la campagne, je m'étais accoutumé volontiers à rabattre par la Gastine, grande et vieille ferme à deux petites lieues de chez nous. La famille de Greneuc, qui en était propriétaire, y habitait depuis quelques années, et son bon accueil m'y ramenait toujours. Je n'oserais dire toutefois que l'attrait de cette compagnie dût être uniquement attribué à Monsieur et à Madame de Greneuc, vénérable couple, éprouvé par le malheur, offrant le spectacle d'antiques et sérieuses vertus, bon à entendre sur quelques chapitres des choses d'autrefois, la femme sur Mesdames Royales, auxquelles dans le temps elle avait été présentée, le mari sur M. de Penthièvre qu'il avait servi en qualité de second écuyer et dont il érigeait en culte la sainte mémoire. M. de Greneuc, du reste, avec sa haute taille parfaitetement conservée, sa tête de loup blanc qui fléchissait à peine, son coup-d'œil ferme et la justesse encore vive de ses mouvemens, faisait un excellent compagnon de chasse, qui redressait à merveille mon inexpérience et lassait souvent mes jeunes jambes. Mais ce qui me le faisait surtout rechercher, je le sens bien, c'est que dans sa maison, sous la tutelle du digne gentilhomme et de sa femme, habitait, âgée de dix-sept ans, leur petite-fille mademoiselle Amélie de Liniers. Il y avait aussi une autre petite-fille, cousine-germaine de celle-ci, mais tout enfant encore, la gentille Madeleine de Guémio, ayant de six à sept ans au plus, à laquelle sa jeune cousine servait de gouvernante et de mère. Les parens de ces orphelines étaient tombés victimes de l'affreuse tourmente, les deux pères ainsi que madame de Guémio elle-même sur l'échafaud : madame de Liniers avait survécu deux ans à son mari, et ses yeux mourans s'étaient du moins reposés sur sa fille, déjà éclose et à l'abri de l'orage. Ainsi deux vieillards et deux enfans composaient cette maison; entre ces âges extrêmes une révolution avait passé, et la florissante génération destinée à les unir s'était engloutie : quatre têtes dans une famille, et les mieux affermies et les plus entières, avaient disparu. C'était une vue pleine de charme et de fécondes réflexions, que celle de mademoiselle Amélie entre les fauteuils de ses grands parens et la chaise basse de sa petite Madeleine, occupée sans cesse des uns et de l'autre, inaltérable de patience et d'humeur, d'une complaisance égale, soit qu'elle répondît aux questions de l'enfant, soit qu'à son tour elle en adressât pour la centième fois sur le cérémonial de 1770 ou sur les aumônes de M. de Penthièvre. Je vois encore la chambre écrasée ; sombre, au rez-de-chaussée (le bâtiment n'avait pas d'étage), où même plus bas que le rez-de-chaussée, puisqu'on y descendait par deux marches, avec des croisées à tout petits carreaux plombés, donnant sur le jardin, et des barreaux de fer en dehors. En choisissant ce lieu assez incommode pour résidence, M. de Greneuc, dont la fortune était restée considérable, avait voulu surtout éviter le péril d'un séjour plus apparent en des conjonctures encore mal assurées. C'est au fond de cette chambre bien connue, qu'à chaque visite, en entrant, j'admirais dès le seuil le contraste d'une si fraîche jeunesse au milieu de tant de vétusté, et la réelle harmonie de vertus, de calme et d'affections, qui régnait entre ces êtres unis par le sang et rapprochés, plus près même qu'il n'était naturel, par des infortunes violentes. Quand j'entrais, ma chaise était déjà mise, prête à me recevoir, tournant le dos à la porte, vis-à-vis de M. de Greneuc, à gauche de madame, à droite de la petite Madeleine qui me séparait de mademoiselle Amélie : celle-ci, en effet, avait entendu le pas du cheval dans la cour, quoique les fenêtres de la chambre ne donnassent pas de ce côté ; elle avait placé la chaise d'avance, et s'était rassise, de sorte que, lorsque je paraissais, j'étais toujours attendu et qu'on ne se levait pas. En réponse à mon profond salut, un signe gracieux de la main me montrait la place destinée. Ainsi accueilli sur un pied de familiarité douce et d'habitude affectueuse, il me semblait dès l'abord que ce n'était que la conversation de la veille ou de l'avant-veille qui se continuait entre nous. Je disais les récentes nouvelles de la ville, les grands événemens politiques et militaires qui ne faisaient pas faute, ou les actives combinaisons de nos amis dans la contrée. J'apportais quelques livres à mademoiselle Amélie, de piété, de voyages ou d'histoire; car elle avait l'esprit solide, orné, et, grâce aux soins de sa languissante mère, sa première éducation avait été exquise, quoique nécessairement depuis fort simplifiée dans cette solitude. Après un quart-d'heure passé dans ces nouveautés et ces échanges, c'était d'ordinaire à notre tour d'écouter les récits des grands parens et de rentrer dans le détail des anciennes mœurs; nous nous y prêtions, mademoiselle Amélie et moi, avec enjouement, et nous y poussions même de concert, par une légère conspiration tant soit peu malicieuse. Dans cette espèce de jeu de causerie, où nous étions partners, nos vénérables vis-à-vis n'avaient garde de s'apercevoir du piége, et puis leur mémoire d'autrefois y trouvait trop son compte pour qu'ils eussent à s'en plaindre. Mais, quand de proche en proche, étendant leurs souvenirs, M. et Mad. de Greneuc en venaient à toucher ces circonstances funèbres où une si large portion d'eux-mêmes s'était déchirée, là, par degrés, expirait tout sourire et brisait toute question. Unis en un même sentiment d'inexprimable deuil, nous écoutions comme à genoux ; des larmes roulaient à toutes les paupières, et il n'y avait que la petite de Guémio qui sût rompre cet embarras par quelque innocente et naïve gentillesse.

Ne vous étonnez pas, mon ami, de m'entrevoir déjà sous un jour si différent de ce que mon âge et ma condition actuelle autorisent à supposer. J'ai subi la loi commune. A moins d'avoir été soustrait tout-à-fait au monde, d'avoir passé sans intervalle de la première retraite studieuse de l'enfance aux engagemens successifs et aux redoutables degrés du ministère, à moins d'avoir été élevé, édifié, consacré dans la même enceinte et de n'avoir connu jamais pour extrêmes plaisirs, après l'allégresse divine de l'autel, que la partie de paume deux fois le jour et les longues promenades du jeudi ; hors de là, je ne conçois guère que des cas de fragilité qui, presque tous, par leur marche et leur début, se ressemblent. Il est difficile à une organisation sensible, dans sa plus courte entrevue avec le monde, de n'en pas recevoir de tendres empreintes, de ne pas rendre aux objets certains témoignages. Les yeux une fois dirigés vers ce genre d'attrait, le reste suit, l'éveil est donné ; le cœur s'engage en se flattant de rester libre. C'est bientôt une blessure qui s'irrite, qui triomphe, ou qu'on ne guérit qu'en la traitant par d'autres blessures : on se trouve ainsi jeté loin de la douceur légère et de l'insouciance des commencemens.

Mademoiselle de Liniers n'était pas une de ces beautés dont la simple apparition confond les sens et enlève, bien que ce fût réellement une beauté. Noble de maintien, régulière de traits, unie et pure de ton, elle apportait dans la société de ses grands parens et dans ses soins auprès de la petite Madeleine une soumission parfaitement douce de toute sa personne, et la sensibilité passionnée, l'enthousiasme dont elle était pourvue, avaient de bonne heure appris à obéir en elle à une sévère loi. J'appréciais ces mérites intérieurs, et le charme que j'éprouvais à la voir s'en augmentait. Quelquefois, quand j'étais venu au matin prendre M. de Greneuc pour la chasse, j'avais aperçu sa petite fille agenouillée laçant les guêtres aux jambes du vieillard : cette pose d'un moment exprimait à mes yeux toute sa vie de devoir et de simplicité. D'autres fois aussi, à ces mêmes heures du matin, arrivant par un frais soleil de septembre, un fusil sur l'épaule, je l'avais surprise au jardin, en négligé encore, du côté de ses ruches. L'essaim apprivoisé voltigeait autour d'elle, blond au-dessus de sa blonde tête, et semblait applaudir à sa voix. Mais mon chien, qui m'avait suivi par le jardin malgré ma défense, la reconnaissant, s'élançait en joyeux aboiemens vers elle, et sautait follement après l'essaim pour le saisir; celui-ci tournoyant alors, et redoublant de murmure, s'élevait avec une lenteur cadencée dans un rayon de soleil.

Notre familiarité avait cela d'attrayant qu'elle était indéfinie, et que le lien délicat qui flottait entre nous, n'ayant jamais été pressé, pouvait indifféremment se laisser ignorer ou sentir, et fuyait à volonté sous ce mutuel enjouement qui favorise les tendresses naissantes. Le plus souvent, dans le tête-à-tête, nous ne nous donnions pas de nom en causant, parce qu'aucun ne serait allé juste à la mesure du vague et particulier sentiment qui nous animait. Devant le monde, l'accent était toujours là pour corriger ce que l'usage imposait de trop cérémonieux, et l'affectation légère qu'on mettait alors dans le ton semblait sous-entendre qu'on aurait eu droit entre soi à de moindres formules. Mais, seuls, nous nous gardions d'ordinaire, nous nous dispensions de tout nom, heureux de suivre bien uniment l'un à côté de l'autre le fil de notre causerie, et cette aisance même, qui au fond ne manquait pas de quelque embarras, était une grâce de plus dans notre situation, une mystérieuse nuance. Il venait peu de monde à la Gastine et rarement, sans quoi cette vie d'abandon paisible ne se fût pas tant prolongée, et l'excitation du dehors en eût vite tiré ce qu'elle recélait de passion future. Un jour, à une partie de chasse, — à une Saint-Hubert, — il y avait eu, au rond-point de la forêt voisine, rendez-vous d'une quinzaine de personnes des environs : quelques femmes étaient venues à cheval en amazones, parmi lesquelles mademoiselle Amélie. Le mouvement de la course, la fraîcheur matinale de l'air et du ciel, l'entrain d'une conversation à chaque instant reprise et variée, l'amour-propre qui s'éveille si gaîment en ces circonstances, une pointe de rivalité enfin, comme il est inévitable dans une réunion d'hommes et de jeunes femmes, tout m'avait enivré, enhardi, au point que, saisissant un moment où la compagnie au galop s'était un peu brisée, j'essayai, sous un prétexte assez gauche de soudaine jalousie, d'entamer vivement ce qui jusqu'alors était demeuré entre nous inexpliqué et obscur. Mais elle, au lieu de m'écouter avec sérieux suivant sa coutume, et de me faire honte s'il le fallait, excitée aussi de son côté par l'humeur folâtre de ce jour, dès qu'elle vit où j'en voulais venir, lança brusquement son cheval en avant du mien et m'échappa; et à chaque fois que je tentais de renouer, le cheval partait toujours avant le troisième mot de la phrase; les vents emportaient le reste. Cette espiéglerie prolongée jusqu'aux éclats avait fini par m'irriter. De retour vers le soir à la Gastine, où une portion de la chasse nous accompagna, je jouai la supériorité, l'indifférence, et parus fort occupé de causer avec la jeune dame du Breuil, à laquelle je m'étais rattaché. Mademoiselle Amélie, sérieuse et presque inquiète alors, passait et repassait dans le petit salon où nous nous tenions à l'écart; mais moi, laissant errer, comme par distraction, mes doigts sur le clavecin près duquel j'étais debout, je couvrais ainsi ma conversation futile, de manière qu'il ne lui en arrivât rien. Puis, ce manége me semblant trop misérable, je rentrai dans la chambre où presque toute la société se trouvait réunie, et là, comme il ne restait qu'une chaise libre et que mademoiselle Amélie me l'indiquait pour m'y asseoir, je la lui indiquai moi-même avec un coup-d'œil expressif; elle refusait d'abord; j'insistai par le même coup-d'œil; elle s'y assit à l'instant comme subjuguée d'une rapide pensée, et en prononçant *oui* à voix basse. Un demi-quart d'heure après, je fis un mouvement pour me lever et sortir; elle s'approcha de moi et me dit de ce ton doux et ferme, certain d'être obéi : *Vous ne vous en allez pas ?* et je restai. Ce furent là les seules réponses que j'obtins jamais d'elle à mes questions de ce jour; ce furent là ses aveux.

Je ne voulais, mon ami, que vous raconter ma jeunesse dans ses crises principales et ses résultats, d'une manière profitable à la vôtre, et voilà que, dès les premiers pas, je me laisse rentraîner à l'enchantement volage des souvenirs. Ils sommeillaient, on les croyait disparus;

mais au moindre mouvement qu'on fait dans ces recoins de soi-même, au moindre rayon qu'on y dirige, c'est comme une poussière d'innombrables atomes qui s'élève et redemande à briller. Dans toute âme qui de bonne heure a vécu, le passé a déposé ses débris en sépultures successives que le gazon de la surface peut faire oublier; mais, dès qu'on se replonge en son cœur et qu'on en scrute les âges, on est effrayé de ce qu'il contient et de ce qu'il conserve : il y a en nous des mondes!

Ces souvenirs, du moins, que je me surprends ainsi à poursuivre jusqu'en leur tendre badinage, ne sont-ils pas trop coupables dans un homme de renoncement, et n'ont-ils plus pour moi de péril, ô mon Dieu? Est-il jamais assez tard dans la vie, est-on jamais assez avant dans la voie, pour pouvoir tourner impunément la tête vers ce qu'on a quitté, pour n'avoir plus à craindre l'amollissement qui se glisse en un dernier regard? Moi, qui ai la prétention de redresser ici et de fortifier la jeunesse d'un autre, n'ai-je pas à veiller plutôt sur mes cicatrices glacées, à tenir mes deux mains à ma poitrine et à mes entrailles, de peur de quelque violent assaut toujours menaçant? Sans doute, ô Seigneur, le cœur où vous habitez n'a rien de farouche; il abonde en douceur et en tolérance aimable; il lui est ordonné d'aimer. Mais ce doit être finalement en vue de vous qu'il aime, mais s'il lui arrive de ranimer l'ombre des créatures chéries et de se répandre en mémoire vers le passé, le repentir sérieux doit mêler alors son intercession et ses larmes aux soupirs involontaires que notre faiblesse éternise; la prière doit y jeter sa rosée qui purifie; à ce prix seulement, il est permis au chrétien de se souvenir, et je ne puis rendre justifiable que par là le retour que j'entreprends pour cette fois encore, pour cette dernière fois, ô mon Dieu !

Durant la chaleur de cerveau qui, au sortir de ma simple enfance, m'avait tout d'un coup rempli de fumées grossières, j'avais pêle-mêle entassé bien des rêves, et d'étranges idées sur l'amour m'étaient survenues. En même temps que la crainte d'arriver trop tard m'embrasait en secret d'un désir immédiat et brutal qui, s'il avait osé se produire, ne se fût guère embarrassé du choix, je me livrais en revanche, dans les intervalles, au raffinement des plans romanesques; je me proposais des passions subtiles relevées de toutes sortes d'amorces. Mais, à aucun moment de cette alternative, le sentiment permis, modeste et pur, ne trouvait de place, et je perdais par degrés l'idée facile d'y rapporter le bonheur. Cet effet se fit cruellement sentir à moi dans la liaison dont je vous parle, mon ami ; liaison si propre, ce semble, à contenir un cœur comme le mien, élevé dans une pieuse solitude, et novice au monde. Quelque charme croissant que je trouvasse à la cultiver, à la resserrer tous les jours, je m'aperçus vite que mon vœu définitif ne s'y laissait pas enchaîner. Par-delà l'horizon d'un astre si charmant, derrière la vapeur d'une si blanche nuée, mon âme inquiète entrevoyait une destinée encore, les orages et l'avenir. Je ne me disais pas sans doute que ma vie pût se passer de mademoiselle Amélie et se couronner de félicité sans elle ; mais, tout en me prêtant à une agréable espérance d'union et à l'habitude insensible qui la devait nourrir, j'en ajournais dans ma pensée le terme jusqu'après des événemens inconnus. Les vertus mêmes de cette noble personne, son régime égal d'ordre et de devoir, sa prudence naturelle qui s'enveloppait au besoin de quelque froideur, tout ce qui l'eût rendue actuellement souhaitable à qui l'eût méritée, opérait plutôt en sens contraire sur une imagination déjà fantasque et pervertie. Cette paix dans le mariage, précédée d'un accord interrompu dans l'amour, ne répondait en rien au tumulte enivrant que j'avais invoqué. Pour me faire illusion à moi-même sur mes motifs et m'en déguiser honnêtement le caprice déréglé, je m'objectais que mademoiselle de Liniers était très-riche par sa mère et par ses grands parens, beaucoup trop riche pour moi qui, avec peu de bien de famille, n'avais d'ailleurs nulle consistance acquise encore, nulle distinction personnelle à lui offrir. Ainsi mon plus triste côté se décorait à mes propres yeux d'un voile de délicatesse, et, lorsque par instans ce voile recouvrait mal toute l'arrière-pensée, je ne manquais pas d'autres sophismes commodes à y joindre et de bien des raisons également changeantes et mensongères.

« Ce que je souhaite, ce qu'il me faut pour
» me confirmer vraiment ce que je suis, répon-
» dais-je, un soir de mai, le long de l'enclos
» du verger en fleurs, à mademoiselle de Liniers
» qui marchait nu-tête près de moi et poussait
» devant elle la petite de Guémio, promenant

» au hasard dans la brune chevelure de l'enfant
» une main que la lune argentait ; — ce qu'il
» me faut, c'est une occasion d'agir, une
» épreuve par où je sache ce que je vaux et le
» donner à connaître aux autres ; c'est un pied
» dans ce monde d'événemens et de tourmen-
» tes, à bord de ce vaisseau de la France d'où
» nous sommes comme vomis. A quoi donc va se
» passer notre jeunesse? La terre tremble, les
» nations se choquent sans relâche, et nous n'y
» sommes pas, et nous ne pouvons en être,
» ni contre ni avec la France. Un moment, et
» ce moment a été beau, le combat s'est ouvert
» par nous ; on se mesurait des deux parts ; Ca-
» zalès a parlé, Sombreuil a offert sa poitrine,
» on a pu mourir. Nous, trop jeunes alors de
» peu d'années, pleins de sève aujourd'hui,
» que faire ? Les Rois sont tombés, et, du fond
» de l'exil, la voix des leurs ne nous arrive plus.
» Nos pères, qui devaient nous conseiller, nous
» ont tous manqué en un même jour et n'ont
» pas de tombe. L'oubli à notre égard a rem-
» placé la haine, et ce n'est plus la hache, mais
» le dédain qui nous retranche. Au tonnerre
» roulant des batailles nous opposons ici des
» trames d'araignée et des chuchotages de com-

» plots. Oh! mademoiselle Amélie, dites, n'y
» a-t-il pas de honte de vivre sous ce doux ciel,
» quand, investis de spectacles gigantesques,
» on ne peut exhaler sa part d'âme et de gé-
» nie, dans aucune mêlée, pour aucune cause,
» ni par sa parole ni par son sang? »

Et elle souriait avec tristesse à cet enthousiasme qui débordait, applaudissant dans son cœur à ce que sa lèvre appelait folie, et chaque fois que revenait dans mon discours cet élan impétueux vers l'action et vers la gloire, elle répétait d'un ton plaintif, comme un refrain de chanson qu'elle se serait chanté à voix basse et sans y attacher trop de sens : *Vous l'aurez, vous l'aurez.*

Et mes idées, excitées par l'heure et par leur propre mouvement, se poussaient d'un flot continu et s'étendaient à mille objets. Car rien n'est délicieux dans la jeunesse comme ce torrent de vœux et de regrets aux heures les plus oisives, dans lesquelles on introduit de la sorte un simulacre d'action qui en double et en justifie la jouissance. Un moment, l'amour du savoir, cette soif des saintes lettres qui m'avait altéré dès l'enfance, me porta sur la dispersion des cloîtres; je me supposais ouvrier infatigable durant soixante années en ces studieux asiles; je semblais en redemander pour moi l'éternel et mortifié labeur. Puis, me retournant d'un espoir jaloux vers des œuvres plus bruyantes ou plus tendres, la palme de poésie tentait mon cœur, enflammait mon front. « Je croyais sentir en moi, » disais-je, beaucoup de choses qu'on n'avait » pas rendues comme cela encore. » Et à ce vœu nouveau, elle qui s'était tue à propos de cloître, reprenait plus vivement, assez moqueuse je crois, et sans doute impatiente de me voir à ses côtés tant de lointains désirs : *Oh! vous l'aurez, vous l'aurez.*

Et redescendant de l'idéal à une réflexion plus positive et aux détails de considération mondaine, je voulus voir d'autres obstacles à mon début, à ma figure personnelle, dans mon peu de patrimoine et la ruine presque entière des miens; mais, cette fois, elle n'y put tenir, et sur ce mot de fortune, elle laissa échapper d'une manière charmante, comme si le refrain l'emportait: *Oh! bien, nous l'aurons!*

Je l'entendis! la lune brillait; l'arôme des fleurs nous venait de dessus l'enclos; au même instant, la petite de Guémio s'écriait de joie à la vue d'un ver luisant dans un buisson : toute cette soirée m'est encore présente. Pendant que mademoiselle Amélie caressait plus complaisamment les boucles de cheveux de cette chère petite qui lui servait de contenance et de refuge, j'aperçus à son doigt une bague, présent de sa mère mourante, et dont la pierre scintillait sous un rayon. J'affectai de la remarquer, je la désirai voir et pris de là occasion de l'ôter à son doigt et de l'essayer au mien; elle m'allait, je la lui rendis : tout se fit en silence. Peu d'instans après, l'heure du départ étant venue, je sortais à cheval, elle d'un pas léger me précédant à la barrière, qu'elle referma ensuite derrière moi ; et du dehors, par-dessus la haie que je côtoyai jusqu'à un certain détour, je lui jetai du geste un dernier salut.

Amour, naissant Amour, ou quoi que ce soit qui en approche; voix incertaine qui soupire en nous et qui chante, mélodie confuse qu'en souvenir d'Éden, une fois au moins dans la vie, le Créateur nous envoie sur les ailes de notre printemps! choix, aveu, promesse; bonheur accordé qui s'offrait alors et dont je ne

voulus pas ; quel cœur un peu réfléchi ne s'est pas troublé, n'a pas reculé presque d'effroi, au moment de vous presser et de vous saisir ?
— A peine avais-je perdu de vue la couronne de hêtres de la Gastine, et le premier mouvement de course épuisé, entrant dans la bruyère, je laissai retomber la bride, et par degrés la rêverie me gagna. « Quoi ? me fixer, me disais- » je, me fixer là, même dans le bonheur ! » Et face à face avec cette idée solennelle, je tressaillis d'un frisson par tout le corps. Un pressentiment douloureux jusqu'à la défaillance s'élevait du fond de mon être, et, dans sa langueur bien intelligible, m'avertissait d'attendre, et que pour moi l'heure des résolutions décisives n'avait pas sonné. Le monde, les voyages, les hasards nombreux de la guerre et des cours, ces combinaisons mystérieuses dont la jeunesse est prodigue, s'ouvraient à mes regards sous la perspective de l'infini, et s'assemblaient, nageaient en formes mobiles, selon les jeux de la pâle lumière, au contour des halliers. J'aimais les émotions, les malheurs même à prévoir ; je me disais : « Je reviendrai » en ces lieux un jour, après m'être mêlé aux » affaires lointaines, après avoir renouvelé

» mon âme bien des fois ; riche de comparai-
» sons, mûr d'une précoce expérience, je re-
» passerai ici. Cette douce lune, comme ce
» soir, éclairera la bruyère, et le bouquet de
» noisetiers, et quelque parc blanchâtre de
» bergerie, là-bas, sous le massif obscur ; lu-
» mière et tristesse, tous ces reflets d'aujour-
» d'hui, tous ces vestiges de moi-même y seront.
» — Mais Elle, la retrouverai-je encore ? m'au-
» ra-t-elle oublié ? » — Et ces vicissitudes, sans
doute amères, que je me proposais avec de
vagues pleurs, me souriaient à cette distance,
et me faisaient sentir la vie dans le présent.
C'était par de tels dédales de pensées que
m'égarait l'inconstance perfide, si chère aux
cœurs humains.

III.

A la dernière chasse dont je vous ai parlé,
mon ami, j'avais eu l'occasion d'être présenté
au marquis de Couaën, l'un des hommes les
plus importans de la contrée et que depuis
long-temps je désirais connaître. A travers les
distractions de cette folle journée, j'avais

trouvé le moment de l'entretenir de cet état douloureux d'abaissement et d'inutilité où nous étions descendus; mes facultés étouffées s'étaient plaintes en sa présence, et il m'avait témoigné, en m'écoutant, une distinction beaucoup plus attentive que ne le semblait demander mon âge et qui m'avait tout d'abord gagné à lui. Il m'invita à l'aller voir souvent dans sa terre de Couaën à deux lieues de là, et je ne tardai pas de le faire. Mon entrée dans les choses du monde data véritablement de ce jour. Une idée de respect et d'attente se rattachait par tout le pays à ce manoir de Couaën et à la personne du possesseur. Le lieu en effet semblait devenu centre de beaucoup de mouvemens occultes et d'assemblées fréquentes de la noblesse. A une courte distance de la mer, vers une côte fort brisée et fort déserte, on y était à portée de communications nocturnes avec les îles, et les pêcheurs que le gros temps avait poussés à ce rivage, disaient avoir vu plus d'une fois dans le creux des rochers quelque embarcation qui n'appartenait à aucun des leurs. La vie du marquis lui-même prêtait aux conjectures. Les longues absences qu'il avait faites dans sa première jeunesse, ajoutaient à sa considération imposante et à l'espèce de réserve voilée sous laquelle on le jugeait. Il avait servi de bonne heure, s'était battu à Gibraltar ; puis les voyages l'avaient tenté ; on savait qu'il s'était arrêté long-temps en Irlande où il avait une branche de sa famille anciennement établie. Accouru, mais trop tard, au bruit de l'insurrection royaliste, il avait trouvé la première Vendée expirante dans son sang, et repartit alors pour l'Irlande, il n'en était revenu que vers 97, amenant cette fois avec lui une jeune femme charmante, déjà mère, étrange et merveilleuse, disait-on, de beauté, qui, depuis trois ou quatre ans, vivait toute retirée à ce manoir, où des intrigues politiques paraissaient s'ourdir et où j'étais convié d'aller.

On arrivait au château de Couaën, tantôt par de longs et étroits sentiers au bord des haies, tantôt par des espèces de chemins couverts et creux, vrais ravins, séchés à peine en été, impraticables en hiver. Le domaine, qu'on n'apercevait qu'en y entrant, occupait un fond spacieux, d'une belle verdure, magnifiquement planté : derrière, à son autre face, il était défendu des vents de mer par une côte assez élevée qui, durant près d'une lieue, se prolongeait en divers accidens jusqu'au rivage et s'y rompait en falaise. Toute l'apparence du bâtiment annonçait un fort, qui, dans les temps reculés, avait dû servir de refuge aux habitans du pays contre les coups de main des pirates. Une tour en brique, ronde, massive, au toit pointu, écaillé d'ardoises, perçait d'abord au-dessus du rideau de grands arbres dont s'entouraient les jardins. La cour de la ferme traversée, et à la seconde barrière, la maison, principalement sur la gauche, était devant vous : on passait une espèce de pont qui, à vrai dire, n'en était plus un, puisque, sur le côté, on avait la grille du jardin avec lequel il correspondait de plain-pied ; mais à droite le fossé moins comblé, converti simplement en loge à pourceaux ou en chenil, attestait l'ancienne forme. Au haut du pont, la voûte franchie, qu'une tourelle dominait encore, on entrait dans la cour intérieure, vaste, partagée en deux par une clôture vive, et dont la première moitié, dépendant des domesticités, servait aux décharges utiles : dans la moitié libre et séparée, un tapis de gazon brillant se déroulait sous les fenêtres du corps de logis sans étage et de la grosse tour du coin, au centre d'une plate-forme à peu près carrée, d'où la vue découvrait toute cette côte qui se dirigeait vers la mer, et l'avenue qui en garnissait la montée jusqu'au sommet. En approchant du bord de la plateforme et des murs à hauteur d'appui, on s'apercevait qu'on était sur un rempart, — sur un rempart tapissé de pêchers et de vignes, régnant sur des prés, des pépinières au bas de la côte, et sur des jardins, fossés autrefois, mais qu'on n'avait pas jugé à propos d'exhausser comme ceux du devant, de sorte que par cet endroit l'ordonnance primitive s'était conservée. C'est bien moins pour vous, mon ami, qui n'avez pas vu ces lieux, ou qui, les eussiez-vous visités, ne pourriez maintenant ressaisir mes impressions et mes couleurs, que je les parcours avec ces détails dont j'ai besoin de m'excuser. N'allez pas non plus trop essayer de vous les représenter d'après cela; laissez-en l'image flotter en vous; passez légèrement; la moindre idée vous en sera suffisante. Mais pour moi, voyez-vous, je n'ai jamais assez, quand j'y reviens, de m'appesantir sur les contours du tableau; de m'attester, comme l'aveugle par les pierres des murs, qu'il est là, toujours debout dans ma mémoire, et de calquer, même en froides paroles, ces lignes, si peintes au-dedans de moi, de la maison la mieux connue, du paysage le plus fidèle.

Je m'acheminai donc un jour vers cette calme demeure, curieux, ému, avec un secret sentiment que ma vie devait s'y orienter et y recevoir quelque impulsion définie ; et comme, dans les embarras du chemin, j'étais obligé souvent de ralentir le pas ou même de descendre, pour conduire à la main ma monture le long des clos, par-dessus les sautoirs, je souriais en pensant que c'était choisir une singulière route à dessein de pénétrer dans le monde ; que celle de Versailles avait dû être plus large et plus commode pour nos pères assurément. Mais cette contradiction même, ce qu'il y avait d'inconcevable dans ce détour, d'aller chercher au fond du plus enfoui des vallons un point de départ à mon essor, flattait une autre corde bien sensible chez moi et répondait à l'une de mes plus profondes faiblesses. Car, si les glorieux préfèrent ouvertement le royal accès et l'éclat, les romanesques, les voluptueux aiment le mystère ; et jusqu'en leurs instans d'ambition et dans leurs projets d'orgueil, le mystère, le silence, les retraites de la nature et l'ombrage, en s'y joignant, les séduisent, et leur ramènent confusément dans un voisinage gracieux la présence cachée, l'apparition possible de ce qui leur est plus cher encore que toute ambition, de ce qui enchante à leurs yeux toute gloire, de leur nymphe fugitive Galatée, et de leur Armide.

Arrivé à Couaën, j'y trouvai le marquis seul avec sa femme et deux beaux enfans près d'elle, dans le vaste et antique salon, dont les fenêtres s'ouvraient d'un côté sur cette verdure de la plate-forme que je vous ai dite, et de l'autre donnaient, d'assez haut, sur les jardins que j'avais entrevus par la grille de gauche en entrant. Mon cœur battait, mes yeux regardaient à peine, quand le marquis venu à moi, et me nommant à sa femme, établit de prime-abord une conversation cordiale où je fus vite lancé. Puis, après la demi-heure d'installation, il m'offrit une promenade aux jardins, et m'en fit voir les bosquets, la distribution et les points de vue, avec intérêt et mesure. La tour me frappait le plus, il m'y mena. Elle n'avait que deux étages habités : le premier, au niveau, ou de quelques marches seulement au-dessus du niveau du salon, auquel elle était contiguë, formait la jolie chambre de madame de Couaën, où je n'entrai pas, et que je ne fis qu'apercevoir de la porte ; il y avait encore une autre chambre pour les enfans, et un cabinet profond ou office, tout entier creusé dans l'épaisseur du mur. Le second étage se composait d'une seule grande et haute pièce, aux trois-quarts ronde, avec un cabinet pris également en entier dans le mur : c'était la salle d'étude, la bibliothèque du marquis, sa chambre à coucher peut-être, car un lit majestueux en meublait l'un des coins. On avait vue de là sur trois côtés, vue ouverte, seigneuriale et dominante sur la plate-forme du rempart et le revers de la montagne ; double vue close, ombragée, sur les jardins du milieu et sur ceux d'en bas. Les combles de la tour, espèce de grenier muni d'une porte robuste à triple verrou, enfermaient une légion de rats, que de sa bibliothèque le marquis pouvait entendre à toute heure. La cavité inférieure qui devait exister sous la chambre de madame de Couaën, et les souterrains qui en avaient probablement dépendu, étaient tout-à-fait abolis. Voilà ce que je sus, ce que je vis dès ce premier jour : je questionnai, je devinai, rien ne m'échappa; j'eus toujours le goût des intérieurs. D'autres ont les yeux tournés dès l'enfance vers les plaines admirables du ciel et ces steppes étoilées dont la contemplation les invite, et où ils démêleront des merveilles. L'océan appelle ceux-là, et la vague monstrueuse vers laquelle ils soupirent du rivage, est pour eux comme une amante. Pour d'autres, ce sont les forêts sauvages ou les mœurs des vieux peuples qui les poursuivent sans relâche autour de l'âtre domestique et près du fauteuil de l'aïeule. Oh! prêtez l'oreille, écoutez-vous ! ne soyez ni trop prompts ni sourds; discernez d'avec vos caprices passagers la voix fondamentale ; priez, priez ! Dieu souvent a parlé en ces suggestions familières : Kepler, Colomb, Xavier, vous en sûtes quelque chose ! moi, je n'ai pas attendu, je n'ai pas prié, je n'ai pas discerné. J'avais le goût des habitudes intimes, des convenances privées, du détail des maisons. Un intérieur nouveau où je pénétrais était toujours une découverte agréable à mon cœur; j'en recevais dès le seuil une certaine commotion ; en un clin d'œil, avec attrait, j'en saisissais le cadre, j'en construisais les moindres rapports. C'était un don chez moi, un signe auquel j'aurais dû lire l'intention de la Providence sur ma destinée. Les guides de l'âme dévote dans les situations journalières, ces directeurs spirituels, inépuisables en doux conseils, qui, du fond de leur cellule ou à travers la grille des confessionnaux, vieillards vierges en cheveux gris, sondaient si avant les particularités de la vie secrète et ses plus circonstanciés détours, n'étaient pas sans doute marqués d'un autre signe. Ils possédaient le don à un plus haut degré, j'ai besoin de le croire, mais non plus distinctement que moi. Et quel usage consolant ils en ont su faire! Tendre François de Sales, j'étais né pour marcher vers le salut sur vos traces embaumées! Mais au lieu de gouverner en droiture mon talent naturel ou d'en relever à temps le but, je me suis mis à l'égarer vers des fins toutes contraires, à l'aiguiser en art futile ou funeste, et j'ai passé une bonne partie de mes jours et de mes nuits à côtoyer des parcs comme un voleur et à convoiter les gynécées. Plus tard même, quand la grâce m'eut touché et guéri, il n'était plus l'heure de revenir sur ce point. Ce qui m'aurait semblé la meilleure route à l'origine était devenu mon écueil ; j'ai dû l'éviter et me faire violence pour m'appliquer ailleurs ; des portions moins séduisantes de l'héritage m'ont réclamé ; haletant mais serein sous ma croix, je gravis d'autres sentiers de la sainte montagne.

Si les lieux et le simple arrangement du logis me tenaient de la sorte, vous pouvez juger, mon ami, que le marquis ne m'occupait guère moins lui-même ; je ne perdais aucun de ses traits. Il avait bien dès-lors trente-huit ans. Noble figure déjà labourée, un front sourcilleux, une bouche bienveillante, mais gardienne des projets de l'âme ; le nez aquilin, d'une élégante finesse ; quelques minces rides vers la naissance des tempes, de ces rides que ne gravent ni la fatigue des marches ni le poids du soleil, mais qu'on sent nées du dedans à leurs racines attendries et à leur vive transparence ; l'attitude haute et polie, séante au commandement ; un de ces hommes qui portent en eux leur principe d'action et leur foyer, un homme enfin, dans le sens altier du mot, un caractère. Son regard parfaitement bleu, d'un bleu clair et dur, appelait à la fois mon regard et le déjouait : fixe, immobile par momens, il n'avait jamais de calme; tourné vers la beauté des campagnes, il ne la réfléchissait pas. Ce champ d'azur de son œil me faisait l'effet d'un désert monotone qu'aurait désolé une insaisissable ardeur. En connaissant mieux le marquis, mes premières divagations sur son compte se précisèrent. Il avait de l'ambition, d'actifs talens, une grande netteté dans l'audace; il avait long-temps erré hors des événemens, en divers pays ou par les intervalles des mers, et s'y était dévoré. Une passion de cœur, violente et tardive, l'avait détourné au fond d'un comté de l'Irlande, en des momens où son rôle était marqué partout autre part. Ces années à réparer le poussaient, et il jugeait d'ailleurs que les temps étaient redevenus plus propices à sa cause. La révolution lui semblait à bout de ses fureurs, exténuée d'anarchie, et ne vivant plus désormais qu'en une tête dont il s'agissait d'avoir raison. Ses rapports secrets avec d'illustres chefs militaires du dedans lui démontraient que cet édifice consulaire, imposant de loin, pouvait crouler à un signal convenu et briser l'idole. Comme la plupart des hommes d'entreprise, avec un discernement très-vif des obstacles matériels, il tenait peu de compte des résistances d'en bas, des opinions générales, de ce qui n'avait pas une personnification distincte : il croyait qu'à tout instant donné, un résultat politique était à même de se produire, si les hommes qui le voulaient fortement savaient vaincre les chefs adversaires. Sa pensée pourtant n'était pas que le droit périt en un jour devant le fait, et que les affections, les croyances des populations se suppriment impunément. Mais il séparait des réelles et antiques coutumes l'opinion vacillante des populaces ; celle-ci n'entrait guère dans ses calculs, et quant aux coutumes elles-mêmes, il les estimait fort destructibles en un laps de temps assez court, à moins qu'elles ne trouvassent leur vengeur. En un mot, M. de Couaën s'en remettait peu volontiers à ce qu'on appelle force progressive des choses ou puissance des idées, et le sens du succès dans chaque importante lutte lui paraissait dépendre en définitive de l'adresse et de la décision de trois ou quatre individus notables : hors de là et au-dessous, il ne voyait que pure cohue, fatalité écrasante, étouffement. Sa gloire la plus désirée eût été de devenir un de ces marquans individus qui jouent entre eux à un certain moment la partie du monde. Il n'en était pas indigne par sa capacité assurément : mais loin du centre, sans action d'éclat antérieure, sans alliances ménagées de longue main, les positions principales lui manquaient. Ce qu'il pouvait avec ses seules ressources, c'était d'aider par une vigoureuse levée dans sa province au coup que d'autres frapperaient plus au cœur, et il avait tout disposé merveilleusement à cet effet. Le petit château de Couaën formait comme la tige et le nœud d'une ramification étendue qui pénétrait de là en lignes tortueuses à l'intérieur du pays. Parmi ceux qui s'y employaient le plus près sous sa direction et qui semblaient parfois affairés à la réussite jusqu'à l'imprudence, je ne tardai pas de m'apercevoir que, nonobstant les démonstrations parfaites dont il les accueillait, le marquis comptait peu d'auxiliaires réels et qu'il ne faisait fond sur presque aucun. Mais il touchait par eux à divers points de la population, ce qui lui suffisait : le cri une fois jeté, il n'attendait rien que de cette brave population et de lui-même.

Avec un esprit de forte volée et qui, à une certaine hauteur, manœuvrait à l'aise dans

n'importe quels sujets, le marquis était très-inégalement instruit ; en le pratiquant, on avait lieu d'être étonné de ce qu'il savait par places et de ce qu'il ignorait. Cela me frappa dès-lors, malgré l'incomplet de mes propres connaissances à cette époque ; on voyait que, détourné le plus souvent par les circonstances, et sentant sa destinée ailleurs, il n'avait cherché dans les livres qu'un passe-temps et un pis-aller. Il offrait donc, sous l'esprit et les observations générales dont il se couvrait, des suites d'un savoir assez solide, mais interrompu, à travers de grands espaces restés en friche. C'était de politique et de portions d'histoire que se composait surtout sa culture ; je la comparais, à part moi, à des fragmens de chaussée romaine en une contrée vaste et peu soumise. Le premier jour que je l'allai visiter, quand nous entrâmes dans sa bibliothéque, un livre récent était ouvert sur sa table : j'en regardai le titre, j'y cherchai le nom de l'auteur, depuis célèbre : « Quel
» est ce gentilhomme de l'Aveyron ? lui dis-je.
» — Ah ! répondit-il, une de mes connaissances
» de jeunesse dans le midi, une profonde tête,
» et opiniâtre ! Toutes les théories de morale et
» de politique de nos philosophes supposaient

» je ne sais quel sauvage de l'Aveyron, et n'eus-
» sent pas été fâchées de nous ramener là. Mais
» voici que l'Aveyron leur gardait un gentil-
» homme qui mettra à la raison philosophes et
» sauvages. » Ce furent ses paroles mêmes.

De madame de Couaën et de ce qu'elle me parut à cette visite et aux suivantes, j'ai peu à vous dire, mon ami, sinon qu'elle était effectivement fort belle, mais d'une de ces beautés étrangères et rares auxquelles nos yeux ont besoin de s'accommoder. Je me trouvais encore, après six mois de liaison, dans un grand vague d'opinion sur elle, dans une suspension de sentimens, qui, bien loin de tenir à l'indifférence, venait plutôt d'un raffinement de respect et de mon scrupule excessif à m'interroger moi-même à son égard. Présent, je la saluais sans trop lui adresser la parole, je lui répondais sans presque me tourner vers elle, je la voyais sans la regarder : ainsi l'on fait pour une jeune mère qui allaite son enfant devant vous. C'était comme une chaste image interdite, sur laquelle ma vue répandait un nuage en entrant, et au départ je tirais le rideau sur les souvenirs. Mais qui sait les adresses de l'intention maligne, et les connivences qui se passent en nous ? Peut-être nuage et rideau n'étaient-ils là que pour sauver le trouble au début, et permettre à l'habitude de multiplier dans l'ombre ses imperceptibles germes.

J'allais beaucoup au château de Couaën, mais dans les commencemens surtout j'y séjournais peu. Quand la soirée avancée ou quelque orage me retenait à coucher, j'en repartais le lendemain de grand matin. Je fus vite au courant du monde qu'on y voyait et dans le secret des faibles et des prétentions d'un chacun. Ce qui de loin m'avait paru une initiation considérable, n'était, vu de près, qu'un jeu assez bruyant dont les masques me divertissaient par leur confusion, quand ils ne m'étourdissaient pas. Il n'y avait que le marquis de supérieur parmi ces hommes chez qui, pour la plupart, l'étroitesse de vues égalait la droiture : je m'attachais à lui de plus en plus.

Mes courses à la Gastine s'étaient ralenties, bien que sans interruption, et avec tous les dehors de la bienséance. J'avais une excellente excuse de mes retards dans ma fréquentation de M. de Couaën et mon assiduité à ses conciliabules. La conformité de principes et d'illusions politiques faisait qu'on ne me désapprouvait pas. Mademoiselle de Liniers, dans sa délicate fierté, jouissait intérieurement de ma réussite auprès du personnage le plus autorisé du pays, et, comme les femmes qui aiment, mettant du dévouement aux moindres choses, elle sacrifiait avec bonheur le plaisir de me voir aussi souvent que d'abord, à ce qu'elle croyait le chemin de mon avancement. Nos conversations, même entre nous seuls, en quittant par degrés le crépuscule habituel et les confins de nos propres sentimens, étaient devenues variées, moins à voix basse, plus traversées de piquant et d'éclat : l'abondante matière que j'y apportais du dehors ne les laissait pas s'attendrir ou languir. Je faisais donc d'amusantes peintures des personnages, et de leurs conflits d'amour-propre, et des fausses alertes où ils donnaient ; j'en faisais de nobles de M. de Couaën et de son sang-froid toujours net au milieu de ces échauffemens. Si je me taisais de la marquise, mademoiselle de Liniers se chargeait de rompre mes faibles barrières sur un sujet qui l'attirait par-desssus tous les autres. L'apparence de la jeune femme, le caractère de sa beauté (ne l'ayant jamais rencontrée jusque-là), son attitude et l'emploi de ses heures dans des compagnies si en disparate avec elle, l'âge de ses deux enfans, lequel était le plus beau, et si la fille ressemblait à sa mère; que sais-je encore? avait-elle dans l'accent quelque chose d'étranger, parlait-elle aussi bien que nous la langue, aimait-elle à se répandre sur les souvenirs de sa famille et de sa première patrie?... ces mille questions se succédaient aux lèvres de mademoiselle de Liniers, sans curiosité vaine, sans le moindre éveil de coquetterie rivale, avec un intérêt bienveillant et vrai, comme tout ce qui sortait d'une âme si décente. Pour moi je ne pouvais me dispenser de complaire à tant de naturels désirs, et, une fois sur cette pente, je m'oubliais aux redites et aux développemens. Puisqu'elle-même écartait de ses mains le voile dont j'imaginais de recouvrir en moi ce coin gracieux, il me semblait qu'il m'était bien permis en ces momens d'y lancer quelque coup-d'œil qui fît trêve à mes contraintes, et de profiter d'une ouverture dont je n'étais pas l'auteur, pour m'informer à mon tour de ce que ma mémoire contenait déjà. Ce n'est pas moi du moins qui ai ouvert, murmurait tout bas la conscience; ce n'est pas moi qui ai commencé, me disais-je; et j'allais, je pénétrais cependant, et les discours que j'en faisais ne se terminaient pas. Toute la Gastine n'était plus qu'un écho des secrètes merveilles de Couaën. Si les sentimens dont j'eus à m'effrayer par la suite s'essayèrent dès-lors à former chez moi quelques points distans et obscurs, ce dut être à la faveur de semblables entretiens où, pleine de son objet, sollicitée à le ressaisir, notre parole en détermine en nous les premiers contours.

IV.

L'HIVER, qui me parut long, s'écoula : avec le printemps, mes retours au manoir se multiplièrent et n'eurent plus de nombre. Tout un cercle de saisons avait déjà passé sur notre connaissance, j'étais devenu un vieil ami. La chambre que j'occupais désormais, non plus pour une nuit seulement, mais quelquefois pour une semaine entière et au-delà, avait vue sur les jardins et sur la cour de la ferme, au-dessus de la voûte d'entrée. J'y demeurais les matinées à lire, à méditer des systèmes de métaphysique auxquels mon inquiet scepticisme prenait goût, et que j'allais puiser, la plupart, aux ouvrages des auteurs anglais depuis Hobbes jusqu'à Hume, introduits dans la bibliothèque du marquis par un oncle esprit-fort. Quelques écrits bien contraires du *Philosophe inconnu* me tombèrent aussi sous la main, mais alors je m'y attachai peu. Cette curiosité de recherche avait un périlleux attrait pour moi, et, sous le prétexte d'un zèle honnête pour la vérité, elle décomposait activement mon reste de croyances. Lorsqu'au travers de ces spéculations ruineuses sur la liberté morale de l'homme et sur l'enchaînement plus ou moins fatal des motifs, quelque bouffée du printemps m'arrivait, quand un torrent d'odeurs pénétrantes et de poussières d'étamines montait dans la brise matinale jusqu'à ma fenêtre, ou que, le cri de la barrière du jardin m'avertissant, j'entrevoyais d'en haut la marquise avec ses femmes, en robe flottante, se dirigeant par les allées pour boire les eaux, selon sa coutume de huit heures en été, à la source ferrugineuse qui coulait au bas, — à cet aspect, sous ces parfums, aux fuyantes lueurs de ces images, rejeté soudainement dans le sensible, je me trouvais bien au dépourvu en présence de moi-même. Mon entendement, baissant le front, n'avait rien à diminuer du désœuvrement de mon cœur, le livre rien à prétendre dans mes soupirs. Plus de foi à un chemin de salut, plus de recours familier à l'Amour permanent et invisible; point de prière. Je ne savais prier que mon désir, invoquer que son but aveugle; j'étais comme un vaincu désarmé qui tend les bras. Toute cette philosophie de la matinée (admirez le triomphe!) aboutissait d'ordinaire à quelque passage d'anglais à demi compris, sur lequel j'avais soin d'interroger M. de Couaën au déjeûner. La marquise, en effet, qui était là, se donnait parfois la peine de me faire répéter le passage pour m'en dire le sens et redresser ma prononciation.

La politique, qui m'avait enflammé d'abord, m'agréait peu, sinon lorsque j'en causais seul à seul avec M. de Couaën et que nous nous élevions par degrés au spectacle général, à l'appréciation comparée des événemens. Quant à l'entreprise où je le vis embarqué et où j'étais résolu de le suivre, elle me sembla d'autant plus aventurée que j'en connus mieux les ressorts. M. de Couaën sentait lui-même com-

bien il en était peu le maître, et s'en dévorait.
Perdu dans son buisson, au coin le plus reculé
de la scène, l'initiative lui devait venir d'ailleurs ; il ne pouvait rien sans le signal nécessaire, et le moindre dérangement au centre,
à Londres ou à Paris, une humeur de Pichegru, une indécision de Moreau, éternisaient
les délais. Pourtant il fallait que, lui, tînt sa
machination toujours prête sans éclat, et ménageât à un taux convenable l'ardeur aisément
exagérée ou défaillante de ses principaux
auxiliaires. Le talent qu'il usait à cet étroit
manége était prodigieux, et j'en souffrais autant que je l'admirais. Ma patience, certes,
n'accompagnait pas jusqu'au bout la sienne,
et durant la plupart des conversations véhémentes qu'il soutenait avec une sérénité et une
aisance infinies, je m'esquivais de mon mieux,
tantôt sur le pied de frivole jeune homme,
tantôt fort de mon titre de philosophe, que
quelques-uns de ces messieurs m'accordaient.
A dîner, plutôt que d'essuyer en face des redites que j'avais entendues cent fois, je me
rabattais du côté des enfans, qui mangeaient
habituellement avec nous, si ce n'est les jours
de très-grand monde ; et comme les assiettes

qu'on nous servait offraient à leur fond, les unes de larges fleurs bleues, les autres des fleurs moindres et quelques-unes rien, l'anxiété de ces gentils petits êtres était au comble pour savoir à chaque plat nouveau si le bon Dieu lui enverrait une assiette à fleurs, à grandes ou à moyennes fleurs : c'était devenu une manière de récompenser le plus ou moins de sagesse des matins. Grâce aux clins d'œil de la mère et aux miens, la providence du vieux serviteur n'y commettait pas trop de méprises. Je préférais de beaucoup pour mon compte ces anxiétés riantes à celles de nos dignes convives et à leurs tumultueux élans dans des sujets plus graves mais moins définis ; il est vrai que naturellement madame de Couaën témoignait la même préférence.

Je n'étais pourtant pas encore pris d'amour, mon aimable ami, — non, je ne l'étais pas. Dans ces bosquets où, un livre à la main, comme prétexte de solitude en cas de rencontre, je m'enfonçais avant le soir ; en mes après-dînées silencieuses, durant cette automne de la journée, où les ardeurs éblouissantes du ciel s'étalent en une claire lumière, si largement réfléchie, et où la voix secrète du cœur est en nous le plus distincte, dégagée de la pesanteur de midi et des innombrables désirs du matin ; à ces momens de rêverie, sur les bancs des berceaux, dans la pépinière du fond et au bord de son vivier limpide, partout où j'errais, je ne nommais aucun nom, je n'avais aucun chiffre à graver, je n'emportais aucune image. Madame de Couaën éloignait mademoiselle de Liniers, sans régner elle-même ; d'autres apparitions s'y joignaient ; je me troublais à chacune ; un paysan rencontré avec sa bergère me semblait un roi. Ainsi, pour ne pas aimer d'objet déterminé, je ne les désirais tous que plus misérablement ; les plaisirs simples de ces heures et de ces lieux n'en étaient que plus corrompus par ma sensibilité débordée. Il vient un âge dans la vie, où un beau site, l'air tiède, une promenade à pas lents sous l'ombrage, un entretien amical ou la réflexion indifféremment, suffisent ; le rêve du bonheur humain n'imagine plus rien de mieux. Mais dans la vive jeunesse, tous les biens naturels ne servent que de cadre et d'accompagnement à une seule pensée. Cette pensée restant inaccomplie, cet être, dont Dieu a permis la recherche modérée à la plupart des hommes, ne se rencontrant pas d'abord, trop souvent le cœur blasphême; on s'exaspère, on s'égare; on froisse du pied le gazon naissant, et l'on en brise les humbles fleurs, comme on arrache les bourgeons aux branches du chemin; on repousse d'une narine enflammée ce doux zéphir qui fraîchit; on insulte par des regards désespérés au don magnifique de cette lumière.

Et ces doux sites, ces tièdes séjours, cependant, qui, à l'âge de la sensibilité extrême, ont paru vides, cuisans et amèrement déserts, et qui plus tard, notre sensibilté diminuant, la remplissent, ne laissent de trace durable en nous que dans le premier cas. Dès qu'ils deviennent suffisans au bonheur, ils se succèdent, se confondent et s'oublient : ceux-là seuls revivent dans le souvenir avec un perpétuel enchantement, qui semblèrent souvent intolérables à l'âge de l'impatience ardente.

A cet âge où j'étais alors, et où vous n'êtes déjà plus, mon jeune ami, les sens et l'amour ne font qu'un à nos yeux; on désire tout ce qui flatte les sens, on croit pouvoir aimer tout ce qu'on désire. Je donnais aveuglément dans l'illusion. Le cœur, en cette crise, est si plein de facultés sans objet et d'une portée inconnue; la vie du dehors et la nôtre sont si peu débrouillées pour nous; un phosphore si rapide traverse, allume nos regards; de telles irradiations s'en échappent par étincelles, et pleuvent à l'entour sur les choses, dès que la voix du désir s'élève, et quand une autre voix souveraine n'y coupe court, l'être entier frissonne d'un si magnétique mouvement, — que, sur la foi de tant d'annonces, on ne peut croire que l'amour n'est pas là chez nous, prêt à suivre, avec son enthousiasme intarissable, les perfections toujours nouvelles dont il dispose, et l'éternité de ses promesses. Mais qu'on aille, qu'on condescende à ces leurres; qu'on n'interdise pas au désir cette parole *charmeresse* qu'il insinue; qu'on ne scelle pas à jamais ses sens sous l'inviolable bandeau du mystère, les offrant en holocauste à l'union sans tache de la divine Épouse; ou qu'on ne les confine pas de bonne heure (dans un ordre humain et secondaire) au cercle sacré du mariage, encore sous l'œil du divin Amour; — qu'on aille donc et qu'on essaie un peu de ces vaines délices. Comme le divorce de l'amour et des sens se fait vite, forcément! douleur ou dégoût, comme leur distinction profonde se manifeste ! A mesure que les sens avancent et se déchaînent en un endroit, l'amour vrai tarit et s'en retire. Plus les sens deviennent prodigues et faciles, plus l'amour se contient, s'appauvrit ou fait l'avare : quelquefois il s'en dédouble nettement, et rompant tout lien avec eux, il se réfugie, se platonise et s'exalte sur un sommet inaccessible, tandis que les sens s'abandonnent dans la vallée aux courans épais des vapeurs grossières. Plus les sens alors s'acharnent à leur pâture, plus, lui, par une sorte de représailles, se subtilise dans son essence. Mais cette contradiction d'activité est désastreuse. Si les sens agissent trop à l'inverse de l'amour, tout différens qu'ils sont de lui, ils le tuent d'ordinaire ; en s'usant eux-mêmes, ils raréfient en nous la faculté d'aimer. Car si les sens ne sont pas du tout dans l'homme la même chose que l'amour, il y a en ce monde une alliance passagère, mais réelle, entre l'amour et les sens, pour la fin secondaire de la reproduction naturelle et l'harmonie légitime du mariage. De-là l'apparente confusion où ils s'offrent d'abord ; de-là aussi dans l'excès des diversions sensuelles, et passé un certain terme, la ruine en nous de la puissance d'amour : autrement, d'alliance absolue, d'identité entre eux, il n'y en a pas. Dans un bon nombre de sensibilités orageuses que la religion n'a pas dirigées, mais que le vice ou la vanité n'ont pas entièrement perdues, c'est donc quand les sens ont jeté leur premier feu et que leur violence fait moins de bruit au dedans, que l'âme malade discerne plus clairement sous la leur la voix de l'amour, la voix du besoin de l'amour. Cette voix qui s'étend à part, surtout dans la seconde jeunesse, est loin de la fraîcheur et de la mélodie que les sens lui prêtaient durant leur mutuelle confusion. Un peu âpre désormais, altérée et souffrante, non plus virginale comme au seuil du chaste hymen, non plus insidieuse comme au banquet des faux plaisirs, mais grave, détrompée, véridique et nue dans sa plainte, elle réclame sur cette terre un cœur que nous aimions et qui nous aime pour toujours. Oh! contre cette voix-là, mon ami, si l'homme sait l'entendre, s'il sait en traduire le vrai sens, je ne saurais me montrer bien sévère. Elle est, dans l'intervalle de répit des erreurs à l'endurcissement, un suprême appel de l'infini en nous, une douloureuse protestation, sous forme humaine, de nos instincts immortels et de notre puissance aimante. Pour qui la réchauffe en son sein et l'écoute longuement parler, elle peut devenir le signal du bienheureux retour. Soit que, ne trouvant pas sur son chemin cette âme incomparable qu'elle implore, l'âme fatiguée, mais courageuse, passe outre, et, dans son dégoût de tout divertissement, dans sa soif croissante d'aimer, détachée, repentante, ne s'arrête plus qu'à la source supérieure où elle se plonge; soit que par une rencontre bien rare, et qui est dans ce pélerinage la plus rafraîchissante des bénédictions, apercevant enfin l'âme désirée, elle se porte au-devant, se fasse reconnaître d'elle, et s'initie et remonte avec elle et par elle aux régions du véritable Amour. L'amour humain en ce cas, forme comme un degré sans souillure vers le trône incorruptible. Mais si ce destin est beau, louable, et bien doux même dans ses sacrifices, il ne faut pas s'en déguiser le revers glissant; à force de vouloir être un appui l'un pour l'autre, on doit craindre de se devenir un écueil. Voulez-vous savoir si l'amour humain que vous ressentez demeure pur et digne de confiance, s'il continue à vous mûrir sainement et à vous préparer ? redites-vous ces paroles d'un doux Maître : « L'Amour est » circonspect, humble et droit ; il n'est ni » amolli, ni léger, ni adonné aux choses vai- » nes : il est sobre, chaste, stable, plein de » quiétude et gardé de sentinelles à toutes les » portes des sens, *et in cunctis sensibus custo-* » *ditus.* » Redites-vous encore : « L'Amour est » patient, prudent et fidèle, et il n'agit jamais » en vue de lui-même, *et seipsum nunquam* » *quærens.* Car, ajoute le doux Maître, dès » l'instant que quelqu'un agit en vue de lui- » même, dès cet instant il est déchu de l'A- » mour. » Voilà ce qu'on doit se demander, mon ami, et ce qui peut avertir à chaque pas si l'amour humain que l'on suit rapproche, et s'il est sur le chemin qui mène. D'autres, je l'avoue, sont plus rigoureux que moi, et l'arrachent sans hésitation des sentiers du salut ; mais, après tant d'épreuves, je ne puis m'empêcher de lui être indulgent. Un jour, l'amant de Laure, le docte et mélodieux Pétrarque, dans une semaine de retraite pieuse, crut voir entrer le grand Augustin, son patron révéré, qui lui parla. Et le grand saint, après avoir rassuré le fidèle tremblant, se mit à l'interroger, et il examinait cette vie en directeur attentif, et il y portait dans chaque partie son conseil : les honneurs, l'étude, la poésie et la gloire, tour à tour, y passèrent, et lorsqu'il arriva à Laure, il la retrancha. Mais Pétrarque, qui s'était incliné à chaque décision du saint, se récria ici plein de douleur, et supplia à genoux celui qui avait pleuré sur Didon, de lui laisser l'idée de Laure. Et pourquoi aussi, ô le plus tendre des Docteurs, ô le plus irréfragable des Pères, s'il m'est permis de le demander humblement, pourquoi ne la lui laissais-tu pas ? est-il donc absolument interdit d'aimer en idée une créature de choix, quand plus on l'aime, plus on se sent disposé à croire, à souffrir et à prier; quand plus on prie et l'on s'élève, plus on se sent en goût de l'aimer ? qu'y a-t-il surtout, quand cette créature unique est déjà morte et ravie, quand elle se trouve déjà par rapport à nous sur l'autre rive du Temps, du côté de Dieu ?

L'amour divin, dont tout bien émane et par qui tout se soutient, peut nous être figuré sur l'autel que nul n'a vu en face ni ne verra, au centre des cieux et des mondes, et de là il darde, il rayonne, il ébranle; il pénètre à divers degrés et meurt toute vie, et s'il arrivait pur et seul (*merus*) à nos cœurs dans ce monde mortel, il ne les enivrerait pas, il ne les éblouirait pas ; il les ferait éclater comme un cristal, il les fondrait, il les broierait sur l'heure, fussent-ils du plus invincible diamant, de même à peu près que le soleil, sa pâle image, embraserait le globe, s'il y dardait ses rayons à nu. Mais comme l'air est là dans la nature, merveilleux et presque invisible, accueillant le soleil, vêtissant la terre, lui étalant, lui distribuant les feux d'en haut en lumière variée et en chaleur tolérable, ainsi, au-devant du pur Amour divin, pour les cœurs fidèles, est ici bas la Charité, qui ne connaît ni vide ni relâche, qui embrasse tous les hommes, les met entre Dieu et chacun, et opère dans la sphère humaine des âmes cette distribution bienfaisante des saintes et ardentes fontaines. Trop souvent, il est vrai, ce qui fut vicié à l'origine, les élémens où s'est infiltré le mal, les germes devenus corruptibles, fermentent et s'allument dans l'air transparent, à la chaleur du soleil : de-là les tempêtes et les foudres. De même, au sein de la charité obscurcie les exhalaisons de l'orgueil et des passions engendrent les haines et les guerres. Il est pourtant de belles âmes, si tendrement douées, si fortement nourries, qu'elles reçoivent en elle à tous les instans l'Amour divin, inaltérable et vif, par les millions de rayons de la charité immense, et le rendent aux hommes, leurs frères, en mille bienfaits aimables, en pleurs abondans versés sur toutes les blessures, et en dévouemens sublimes; et si, à quelque heure triste, elles sentent expirer au hasard ces rayons trop nombreux et trop disséminés, elles n'ont, pour les ressaisir en esprit, qu'à les regarder tous sortir, comme à leur source, de la poitrine du Pontife miséricordieux, une fois mort et toujours présent, de cette poitrine lumineuse et douce où dormit Jean le bien-aimé. Mais d'autres âmes, mon ami, sont moins promptes et moins sereines ; elles ne sont ni si fermes à leur centre, ni d'une célérité de rayons si diffusible ; elles s'évanouiraient à vouloir directement tant embrasser, et, dans l'obscurcissement où le monde d'au-delà est accoutumé de nous paraître, l'Amour divin, ne leur arrivant que par la charité universelle, les toucherait d'une impression trop incertaine. La Charité, d'ailleur pour être toute-puissante sur un cœur, réclame presque nécessairement sa virginité, et bien des âmes, capables d'aimer, ont commencé par se ternir. Ces âmes donc, dans leur retour au sentiment du Saint, peuvent consulter, autant que je crois, au miroir plus circonscrit et plus rapproché où l'Amour suprême se symbolise à leurs yeux, quelque front brillant et chéri sur lequel il pose son flambeau; la vue d'une paupière céleste dans laquelle il daigne éclater ; elles peuvent user chastement d'un amour unique pour remonter par degrés à l'amour de tous et à l'Amour du Seul Bon. Ah ! si elles y réussissent par cette voie, si ce qu'elles ressentent n'est ni un égoïsme exclusif ni une pesante idolâtrie, si en passant par le voile de la figure aimée les rayons sacrés ne s'y brisent pas comme sur la pierre, si à aucun moment ils ne deviennent coupans comme des glaives ou perçans comme des éclairs, s'ils demeurent reconnaissables à travers le disque vivant qui doit à la fois les concentrer, les élargir et les peindre pour notre infirme prunelle, ah ! tout est bien, tout est sauf, tout se répare. Et quand l'être aimé meurt avant nous, quand les rayons de l'Amour saint nous arrivent désormais à travers cette forme glorieuse, transfigurée, de l'amante, et son enveloppe incorporelle, on a moins à craindre encore qu'ils ne dévient, qu'ils ne se brisent, et ne nous soient dangereux et trompeurs : la présence à nos côtés, la descente en nos nuits, de l'ombre angélique, ne fait alors qu'attendrir davantage, voiler de reflets mieux adoucis, rechanger et rajeunir sans cesse en notre exil cette lumière où elle nage, dont elle est vêtue, et qui, grâce à elle, commence dès ici-bas, au milieu des pleurs, notre immortelle nourriture.

Mais où vais-je de la sorte, mon ami ? J'étais avec vous, ce me semble, dans les bosquets de Couaën, où je m'oubliais. J'y poursuivais sous mille formes le fantôme qui m'enveloppait de son nuage, qui oppressait mon front et mes yeux, mais dont je ne pouvais démêler la figure. Rien ne m'était plus funeste, disais-je, que cette application continue sur un tel objet. Couvés ainsi, fondus sourdement par une pensée échauffée, les sens et l'amour entraînent dans un obscur mélange nos autres facultés et tous nos principes. C'est un lent ravage intérieur et comme une dissolution souterraine dont, à la première découverte, on a lieu d'être effrayé. Tandis que, chez le jeune homme vraiment chaste, qui tempère sa pensée, toutes les vertus de l'âme, comme tous les tissus du corps, s'affermissent, et que l'honnête gaité, l'ouverture aux plaisirs simples, l'énergie du vouloir, l'inviolable foi dans l'amitié, l'attendrissement cordial envers les hommes, le frein des sermens, la franchise de parole et quelque rudesse même que l'usage polira, composent un naturel admirable où chaque qualité tient son rang et où tout s'appuie, ici dans la chasteté illusoire, par l'effet de cette liquéfaction prolongée qu'elle favorise, les fondemens les plus intimes se submergent et s'affaissent ; l'ordonnance naturelle et chrétienne des vertus entre en confusion ; la substance propre de l'âme est amollie. On garde les dehors, mais le dedans se noie ; on n'a commis aucun acte, mais on prépare en soi une infraction universelle. Cette chasteté menteuse, où chauffe un amas de tous les levains, est sans doute pire à la longue que ne le serait d'abord une incontinence ménagée.

D'autres idées, plus raisonnables si l'on veut, plus consistantes du moins, avaient part aussi à mes excursions pensives. J'étais venu à Couaën pour m'ouvrir un accès dans la vie, pour gravir, en y faisant brèche, sur la scène active du monde. Malgré ma confiance en mon noble guide, je commençais à croire que je m'étais abusé. Je me sentais dans une voie fausse, impossible, et qui n'aboutissait pas. Il me semblait que toutes les peines que nous prenions, nous imaginant avancer, se pouvaient comparer à la marche d'une bande de naufragés sur une plage périlleuse : ainsi nous nous trainions, le long de notre langue de sable, de rocher en rocher, guettant un fanal, rêvant une issue, sans vouloir reconnaître que nous tournions le dos à la terre et que la marée montante du siècle, qui nous avait dès long-temps coupé l'unique point de retour, gagnait à chaque moment sous nos pas. La tristesse inexprimable qu'à certaines heures du soir j'avais vue s'étendre et redoubler dans le réseau plus bleuâtre des veines au front douloureux du marquis, me donnait à soupçonner que, malgré la décision de ces sortes de caractères, il n'était pas sans anxiété lui-même, et qu'entre les chances diverses de l'avenir, le néant de ses projets lui revenait amèrement. Je compatissais avant tout aux déchiremens d'un tel cœur, et j'étais à mille lieues de me repentir de m'être engagé. Mais je souffrais aussi pour mon propre compte dans mes facultés non assouvies, dans ce besoin de périls et de renom qui bourdonnait à mon oreille, dans ces aptitudes multiples qui, exercées à temps et s'appuyant de l'occasion, eussent fait de moi, je l'osais croire, un orateur politique, un homme d'état ou un guerrier. Ma pensée habituelle de jouissance et d'amour, qui recouvrait toutes les autres et les minait peu à peu, ne les détruisait pas d'un seul coup : en me baignant dans le lac débordé de mes langueurs, je heurtais fréquemment quelque pointe de de ces rochers plus sévères.

Un jour que je m'étais ainsi, comme à plaisir, endolori de blessures et abreuvé de pleurs, qu'après avoir sondé longuement les endroits défectueux de ma destinée, j'avais invoqué pour tout secours ce sentiment unique, absorbant, qui eût été à mes yeux la rançon de l'univers et mon dédommagement suprême; un jour que j'avais perdu de plus abondans soupirs, effeuillé plus de bourgeons et de tiges d'osier fleuri, tendu dans l'air des mains plus suppliantes à quelque invisible anneau de cette chaîne qui me semblait comme celle des dieux à Platon; ce jour-là, un 5 juillet, s'il m'en souvient, chargé de tout le fardeau de ma jeunesse, je sortais des bosquets par le carré des parterres, ma coiffure rabattue sur le visage, les regards à mes pieds; et le fond flottant de ma pensée était ceci : Jusqu'à quand l'attendre ? en quel lieu la poursuivre ? existe-t-elle quelque part? en est-il une sous le ciel, une seule, que je doive rencontrer? » Soudain, mon nom prononcé par une voix m'arriva dans le silence : je levai la tête et j'aperçus madame de Couaën assise à la fenêtre de sa chambre de la tour, qui me faisait signe du geste et m'appelait. En deux bonds je fus sous cette fenêtre bienheureuse, que j'atteignais presque de la main, et d'où une charmante tête, dans le cadre de la verdure, s'inclinait vers moi avec ces mots : « Pour sauvage, vous l'êtes, me disait-elle; vous allez me ramasser pourtant mon aiguille d'ivoire, mon aiguille à broder, qui est tombée là, voyez, quelque part au bas de ce pêcher ou dans les branches. Vous me la rapporterez, s'il vous plaît, en personne et à l'instant; et puis, si je l'ose alors, je requerrai votre compagnie pour une corvée de la façon. » Je ramassai l'objet sans le voir, je franchis grille du jardin, voûte d'entrée et cour intérieure sans presque toucher à la terre : en une seconde de temps j'étais à la porte de madame de Couaën, où, avant de tourner la clé, j'attendis une ou deux autres secondes pour ne pas paraître avoir trop couru. Je frappai même deux petits coups légers comme si j'eusse craint de la surprendre, et ce ne fut que sur la réponse du dedans que j'ouvris. Une odeur suave me monta aux sens. Je pénétrais dans ce séjour intime pour la première fois. Tout y était simple, mais tout y brillait : des meubles polis, quoique antiques, une guitare suspendue, un crucifix d'ivoire à droite dans l'enfoncement du lit, à gauche la cheminée garnie de porcelaines rares, de cristaux rapportés d'Irlande, et un petit portrait en médaillon de chaque côté; elle en face de moi à la fenêtre, toujours assise, une chaise devant pour ses pieds, une broderie au tambour sur ses genoux, un de ses coudes sur la broderie qui semblait oubliée, et dans cet oubli levant au ciel une tête douce, altière, étincelante. Elle ne bougea pas d'abord, et à peine si elle regarda : « Voici de quoi il s'agit, me dit-elle, en recevant l'aiguille que je lui rendais. M. de Couaën est sorti pour tout le soir, il reconduit ces messieurs. Je songe que je voudrais aller à la montagne, à la chapelle

Saint-Pierre-de-Mer; c'est un devoir; m'accompagnerez-vous ? Il y a bien pour une heure à marcher lentement, mais il nous reste assez de soleil. » Et sans attendre que j'eusse dit oui, toute à sa pensée, elle était debout, elle s'apprêtait et nous sortîmes.

Je lui donnais le bras, la promenade était longue; j'avais une soirée entière de bonheur devant moi. Délicieux momens où l'on ne demande rien, où l'on n'espère rien, où l'on croit ne rien désirer ! Que de soins affectueux j'osais lui rendre dans les moindres mouvemens et sans factice esclavage! Comme mon bras, en soulevant timidement le sien, la sollicitait de s'appuyer ! Et quand nous traversâmes le pré où paissait le taureau farouche, et quand nous franchîmes le petit pont sur le ruisseau ferrugineux, et quand nous montâmes la côte jonchée de cailloux, que d'attentions naturelles et discrètes l'environnèrent ! J'étais ingénieux à ménager sa marche, je lui faisais une route sinueuse; il semblait que moi-même de mes mains je posasse ses pieds aux places les plus douces et que j'étendisse un tapis merveilleux sous ses pas. Elle recevait ces soins admirablement, quelquefois avec un demi-sourire ; le plus souvent elle s'y prêtait sans avoir l'air d'y prendre garde, et durant ce temps, comme pour récompense, elle m'entretenait de sa famille, de sa patrie et d'elle. Son nom de naissance était Lucy O'Neilly. Elle avait perdu très-jeune son père ; une mère aimante l'avait élevée. Son frère aîné, patriote ardent, avait vu dans la révolution française un puissant moyen d'émancipation pour l'Irlande : il s'était consacré, l'un des premiers, à cette ligue généreuse des amis du pays avec lord Fitz Gérald, dont il était parent, et qui eut une si triste fin. Le séjour que M. de Couaën avait fait près d'eux répondait en plein à cette époque d'héroïque égarement. Entre lui et le frère de celle qu'il aimait, des dissidences violentes d'opinion avait éclaté. Le gentilhomme républicain, chef de famille, refusa long-temps sa sœur à l'étranger adversaire. Plus d'une fois leur querelle à ce sujet fut près d'en venir au sang, et il avait fallu toute la fermeté d'affection de la douce Lucy, toute l'inépuisable effusion de la mère, pour amortir le choc de ces deux orgueils et faire triompher l'amour. Cette mère si bonne et d'une santé déjà souffrante, on avait dû pourtant la quitter. Les nouvelles qu'on recevait d'abord étaient rares, difficiles, à cause de la guerre active : depuis quelques mois seulement, on les avait plus fréquentes, mais aussi bien tristes et donnant peu d'espoir de la conserver. Madame de Couaën avait reçu une lettre le matin même, et cette course à Saint-Pierre-de-Mer que nous faisions, était un pélerinage qui avait pour but une prière.

Elle me déroulait ces circonstances avec une plénitude naïve de paroles, y semant un pittoresque inattendu et nuançant ses pensées successives, sans marquer jamais d'autre passion que celle d'aimer. Nous avions atteint le haut de la côte, nous marchions sur un plateau inégal, hérissé de genets, d'où s'élevaient çà et là quelques arbres maigres, tordus à leur pied par les vents. Le rivage, à une petite demi-lieue en face de nous, était sourcilleux et sombre. Quoique le soleil à l'horizon touchât presque l'Océan et l'embrasât de mille splendeurs, les vagues plus rapprochées, qu'encaissaient comme dans une baie anguleuse les hautes masses des rochers, se couvraient déjà des teintes épaissies du soir. Cette solitude, en ce moment surtout, donnait l'idée d'une sauvage grandeur. Elle en parut frappée; après un assez long silence, je la vis plus pâle que de coutume sous ses cheveux de jais, et son œil aigu, attaché fixement à l'horizon des flots, s'y plongeait avec l'expression indéfinissable d'une fille du bord des mers. « C'est votre Irlande que vous cherchez, lui dis-je; mais n'est-elle pas ici en réalité avec sa bruyère et ses plages? »—« Oh! non, s'écria-t-elle, verdure et blancheur ne sont pas ici comme là-bas; là-bas c'est moins rude et plus découpé ; c'est ma patrie tout humide au matin, verdoyante d'herbe et ruisselante de fontaines. Les cimes, les lacs de l'Irlande reluisent au soleil comme ces cristaux de ma chambre. Oh! non, toute l'Irlande n'est pas ici ! » L'accent de souffrance dont elle prononça ces derniers mots, m'avertit que c'était moins encore aux lieux qu'aux êtres éloignés que s'adressait son regard. En descendant par beaucoup d'inégalités de terrain et en suivant la trace déchirée d'un ruisseau qui courait au rivage, nous étions arrivés à la chapelle où elle devait prier. Cette chapelle, depuis long-temps sans prêtre, même sans gardien, n'était pas ruinée, comme on aurait pu croire, ni dénuée de tout ornement. Madame de Couaën avait pris soin d'en faire réparer la toiture; elle y envoyait chaque semaine une ou deux fois pour les soins de propreté et l'entretien d'une lampe sur l'autel. De plus, la dévotion des pêcheurs et habitans de la côte, qui dans les périls se liaient par quelque vœu, y suspendait des offrandes que la sainteté de l'endroit, tout ouvert qu'il était, suffisait bien à défendre. J'entrai avec elle un instant dans l'humble nef ; mais quand je la vis s'agenouiller, je sortis par une sorte de pudeur, craignant de mêler quelque mouvement étranger à une invocation si pure. Il me sembla qu'il valait mieux que son soupir de colombe montât seul au ciel. En cela je me dissimulais la vertu de cet acte divin enseigné au moindre de nous par Jésus ; j'oubliais que toute prière est bonne, acceptable ; que la prière même du plus souillé des hommes, si elle sort du cœur, peut ajouter quelque chose à celle d'un ange.

Une pensée m'a bien des fois occupé depuis : si, en ce moment de crise, j'avais prié à genoux avec ferveur pour sa mère et pour elle, plusieurs des chances mauvaises que je ne sus pas conjurer, n'eussent-elles pas été changées par-là dans l'avenir de ma vie et peut-être dans l'avenir de la sienne ? Un acte méritoire de cette nature, placé à l'origine de mon sentiment, n'était-il pas capable d'en ordonner différemment l'usage, d'en mieux incliner le cours ? car les bonnes prières, même quand elles n'atteignent pas leur but direct, rejaillissent à notre insu par d'autres effets salutaires ; elles vont souvent frapper, dans les profondeurs de Dieu, quelque ressort caché qui n'attendait que ce coup pour agir, et d'où s'imprime une tournure nouvelle au gouvernement d'une âme.

Mais, quoique par l'effet du spectacle, de la promenade et des impressions de ce soir, je me sentisse dans une disposition vraiment plus religieuse qu'il ne m'était arrivé depuis long-temps, je ne la réalisai pas. Laissant madame de Couaën prosternée à la chapelle, je m'approchai d'un débris de guérite en pierre au bord de la falaise; l'espace, l'abîme mugissant le disque rougi de l'astre qui se noyait à demi, me saisirent, et je rêvai. Je rêvai, ce qui n'est pas du tout, mon ami, la même chose que prier, mais ce qui en tient lieu pour les âmes du siècle, la sensation vague les dispensant commodément de tout effort de volonté. Rêver, vous le savez trop, c'est ne rien vouloir, c'est répandre au hasard sur les choses la sensation présente, et se dilater démesurément par l'univers en se mêlant soi-même à chaque objet senti; tandis que la prière est voulue, qu'elle est humble, recueillie à mains jointes, et, jusqu'en ses plus chères demandes, couronnée de désintéressement. Cet effort désintéressé fut surtout ce qui me manqua ce soir-là, et ce que m'eût donné la prière. Je voilais, j'enveloppais de mille façons ma chimère personnelle; je la dispersais dans les vents, sur les flots; je la confiais et la reprenais à la nature; je ne m'immolai pas un seul instant. Le soleil était entièrement couché, quand elle sortit et revint vers moi : l'absence de l'astre laissait aux masses rembrunies du rivage et aux flots montans qui s'y brisaient leur solennité plus lugubre. Pour elle, un reste de larmes baignait ses paupières, et elle s'avançait ainsi dans toute la beauté de sa pâleur. J'étais ému vivement, et, lui prenant la main, à deux pas de l'abîme, je me mis à lui parler plus que je n'avais encore osé faire, de ce qui devait consoler, soutenir dans les épreuves un cœur comme le sien, de ce qui veillerait d'en haut sur elle, de ce qui l'environnait ici-bas et de ce qui l'aimait. Elle m'écoutait dire, avec ce regard particulier fixé à l'horizon, et pour toute parole : « Oh! c'est si bon d'être aimée! » répondit-elle ; et nous nous remîmes en marche, silencieux.

Notre retour fut moins long que l'aller; une fois arrivés à la côte, nous n'eûmes plus qu'à descendre. Comme il faisait assez de jour, nous distinguâmes bientôt M. de Couaën en face sur la plate-forme du château : il nous avait reconnus et nous regardait venir, seuls êtres en mouvement dans la montagne, précédant les ombres du soir. Nous hâtions le pas en lui envoyant de loin quelques signes, elle surtout agitant par les rubans son grand chapeau détaché : plus près du logis, les arbres et un chemin tournant nous éclipsèrent. Au moment de notre entrée dans la cour, madame de Couaën la première courut légèrement à sa rencontre et prévint ses questions par quelques mots que je n'entendis pas, mais qui expliquaient l'objet de cette promenade. Il accueillit avec lenteur sa justification empressée, paraissant en jouir, immobile et souriant, un peu voûté, toute sa personne exprimant une bien tendre complaisance. Après qu'elle eut fini, il l'entoura de son bras comme un père satisfait, et la souleva presque jusqu'à lui, la baisant aux cheveux, car elle dérobait le front. Un glaive soudain ne m'eût pas autrement frappé; mon cœur et mes yeux, à travers le jour tombant, n'avaient rien perdu de cette chaste scène : mon règne insensé expira. Je compris amèrement ce que je n'avais que vaguement senti encore, ce qui, dès ce soir même, devint le cuisant aiguillon de mes nuits, combien la moindre caresse de l'amour, la plus indifférente familiarité du mariage laisse loin en arrière les plus vives avances de l'amitié. C'est là en effet l'éternel châtiment de ces amitiés indiscrètes où l'on s'embarque; c'en est le ver corrupteur et rongeur. L'envahissante jeunesse, qui ne veut rien à demi, s'irrite d'une inégalité où son orgueil est intéressé comme ses sens; elle remue, elle retourne sans relâche cette pensée jalouse. De celle-là aux plus dangereuses, il n'y a qu'à se laisser pousser; on est sur la pente des sentiers obliques.

V.

Le lendemain et les jours suivans, mon humeur me parut comme changée; ma douleur même était un signe que j'interrogeais avec espoir. Toutes mes sensations, toutes mes idées vacillantes commençaient à s'ébranler, à se mouvoir dans un certain ordre; j'étais sorti de mon néant, j'aimais. Une fumée légère de supériorité, l'orgueil d'un cœur qui s'était cru long-temps stérile, m'exaltèrent durant les premiers momens de cette découverte. Au lieu d'être plus triste et rêveur, comme le sont d'ordinaire les personnes ainsi atteintes, je marquai une gaîté bizarre. Les bosquets me virent moins; je restais en compagnie et m'y mêlais aux discussions avec un feu et un développement inaccoutumé. Madame de Couaën me regardait d'un air d'étonnement; un génie s'éveillait en moi : car j'étais de ceux, mon ami, dont la force tient à la tendresse et qui demandent toute inspiration à l'amour. Le soir, retiré dans ma chambre, une souffrance plus aiguë, mais moins désespérée qu'auparavant, suspendait ma lecture et gagnait mes songes ; au réveil, mon premier mouvement était de me sonder l'âme pour y retrouver ma blessure : j'aurais trop craint d'être guéri.

Mais on s'habitue aux blessures qui persistent ; si rien ne les renouvelle et ne les ravive, on les discerne bientôt malaisément de ses autres affections fondamentales. On est tenté de croire qu'elles s'assoupissent, tandis qu'au contraire elles minent sourdement. Une semaine au plus écoulée, il y avait déjà des doutes en moi et une incertitude qui ramenait toute ma langueur. Je me disais : Est-ce donc là en réalité l'amour ? Depuis l'heure où j'avais douloureusement senti cet amour s'engendrer dans mon chaos, où je l'avais saluée en mon sein avec le tressaillement et presque l'orgueil d'une mère, je ne savais guère rien de nouveau sur son compte, ma vie reprenait son train uniforme de tristesse. Je voyais, il est vrai, madame de Couaën seule, et l'accompagnais volontiers; mais c'étaient des scènes plus ou moins semblables, des répétitions toujours délicieuses, elle présente ; toujours vaines et sans trace, elle

9.

évanouie. Cet amour qui ne s'essayait pas en venait par instans à ne plus se reconnaître. Mon ami, mon ami, que puis-je vous dire? je n'ai pas à vous raconter d'aventures. En ce moment et plus tard encore, ce sera perpétuellement de même, une vie monotone et subtile, des pages blanches, des jours vides, des intervalles immenses pour des riens, des attentes dévorantes et si longues qu'elles finiraient par rendre stupide; peu d'actes, des sentimens sans fin ; des amas de commentaires sur un distique gracieux comme dans les jours de décadence. Ainsi j'ai vécu; ainsi vont les années fécondes. J'ai peu vu directement, peu pratiqué, je n'ai rien entamé en plein ; mais j'ai côtoyé par les principaux endroits un certain nombre d'existences, et la mienne propre, je l'ai côtoyée, plutôt que traversée et remplie; j'ai conçu et deviné beaucoup, bien qu'avec une sorte d'aridité pour reproduire, comme quand on n'a pas varié soi-même l'expérience et qu'on a rayonné long-temps dans l'espace, dans la spéculation, dans la solitude.

Cinq ou six heures de retraite studieuse et de lecture par jour (ce dont je ne me suis jamais déshabitué au milieu de mes distractions les plus contraires), suffisaient à entretenir le don naturel d'intelligence que Dieu ne voulait pas laisser dépérir en moi. Le reste du temps allait à la fantaisie et aux hasards du loisir. J'ai dit que les bosquets m'agréaient moins; en effet, quand il me prenait envie d'errer seul, je choisissais plutôt désormais la montagne et la grève: elle avait semé sur ces rocs un souvenir que j'y respirais. Nous y retournâmes tous les deux quelquefois encore; je l'accompagnais aussi au canal d'un moulin à eau situé dans la prairie au-delà des pépinières et des vergers, et dont le fracas écumeux, sans parler des canards à la nage, amusait beaucoup d'enfans. Une grande surveillance était nécessaire en un tel lieu sur ces petits êtres, de peur de quelque imprudence. Je ne m'en remettais pas aux femmes, et j'y avais l'œil moi-même sans me lasser un seul instant, tandis qu'elle, assise, confiante en mes soins, travaillait nonchalamment, et, d'un air pensif, suivait mes discours bien souvent interrompus, ou m'en tenait de judicieux et profonds sur les choses de l'âme: car ce tour d'imagination qui lui était propre ne faussait en rien son parfait jugement; elle m'offrait l'image d'une nature à la fois romanesque et sensée. Autant j'évitais de la regarder auparavant, autant j'étais devenu avide de la contempler alors: je couvais curieusement ce noble et doux visage; je pénétrais cette expression ingénue, d'une rareté singulière, et qui ne m'avait pas parlé tout d'abord; j'épelais, en quelque sorte, chaque ligne de cette grande beauté, comme un livre divin, un peu difficile, que quelque ange familier m'aurait tenu complaisamment ouvert.

Elle restait calme, sereine, patiente sous mes regards, de même que mon regard descendait inaltérable et pur sur son front. Elle se laissait lire, elle se laissait comprendre; elle trouvait cela simple et bon dans son innocence; et d'ordinaire, je le crois en vérité, elle ne le remarquait pas. Mais un jour, sous les saules de ce canal, sa jeune enfant, qui était restée en silence près de nous, me dit, comme après y avoir sérieusement pensé: « Pourquoi donc regardez-vous toujours maman ainsi?

Vous me demandiez, belle enfant, sous les saules du canal, pourquoi je regardais ainsi votre mère; et j'aurais presque pu vous le dire, si vous-même aviez pu m'entendre, tant il y avait de respect dans l'intention de ce regard. C'est que la beauté, toute espèce de beauté, n'est pas chose facile, accessible à chacun, intelligible de prime abord: c'est que, par-delà la beauté vulgaire, il en est une autre à laquelle on s'initie, et dont on monte lentement les degrés comme ceux d'un temple ou d'une colline sainte. Il y a en ce monde la beauté selon les sens, il y a la beauté selon l'âme ; la première, charnelle, opaque, immédiatement discernable; la seconde, qui ne frappe pas moins peut-être à la simple vue, mais qui demande qu'on s'y élève davantage, qu'on en pénètre la transparente substance et qu'on en saisisse les symboles voilés. Idole et symbole, révélation et piége, voilà le double aspect de l'humaine beauté depuis Ève. De même qu'il y a en nous l'amour et les sens, de même il y a au dehors deux sortes de beautés pour y correspondre. La vraie beauté, plus ou moins mêlée, plus ou moins complète, est souvent difficile à sentir dans ce qu'elle a de pur; elle nous apparaît tard, tout ainsi que l'amour vrai en nous est lent à se séparer. L'enfant ne comprend pas la beauté : quelques couleurs rouges et brillantes, qui jouent vivement à son œil, lui en composent une bizarre image. L'adolescent, qui la poursuit et l'adore, s'y méprend presque toujours; dans sa fougue aveugle, impétueuse, on le voit embrasser à genoux les pierres grossières des chemins, comme il ferait les statues de porphyre de la déesse. Il faut le plus souvent que les sens soient déjà un peu émoussés pour que le sentiment distinct de la beauté nous vienne. Heureux alors qui sait apprécier cette beauté tardive, qui s'y voue encore à temps et se crée un cœur digne de la réfléchir! Le voluptueux, qui sent la beauté et qui la goûte, en est le fléau; il la profane de son hommage; il ne tend qu'à la dégrader et à l'obscurcir; au lieu de s'élever par elle, il jouit de la rabaisser aux amours lascives! il la précipite à jamais et la sacrifie. La noble beauté, au contraire, quand l'âme qui l'habite est demeurée fidèle à son principe, ne périra pas avec cette enveloppe terrestre; elle méritera de persister ailleurs, rectifiée selon le vrai, épurée selon l'amour, et sous cette forme nouvelle qui ne changera plus, il sera permis encore à qui la servait ici-bas de continuer de l'aimer; nous avons besoin d'espérer cela, et rien, ô mon Dieu! ne nous interdit de le croire.

Tout novice, tout indigne que j'étais alors, et si je ne me rendais pas compte aussi nettement de ces distinctions, je les pressentais en partie, du moins en sa présence. Je faisais des progrès chaque jour dans l'intelligence de cette âme toute intérieure et de la forme achevée qui me l'exprimait. Je saisissais de plus en plus le symbole. Mais évitais-je tout-à-fait le piége ? Mais, en étudiant la lampe sous l'albâtre, ne m'arrêtais-je pas trop aux contours ? Ce regard fixe et avide ne cherchait-il donc uniquement qu'à comprendre ? Ne tâchait-il pas quelquefois de se faire comprendre aussi et d'interroger ? Ne se retirait-il point par momens, rebuté du calme et du front sans trouble dont on l'accueillait, comme si c'eût été un refus ? Ne s'irritait-il jamais que l'enfant inattentif l'eût pu juger singulier, et que l'objet passionnément chéri parût le trouver si simple ?

Et puis la beauté la plus égale et la mieux soutenue ici-bas a nécessairement ses heures d'éclipse et de défaillance ; elle ne nous offre pas dans un jour constant sa portion idéale, éternelle. Il est des saisons et des mois où elle devient sujette aux langueurs. Elle se lève dans un nuage qui ne la quitte pas et qui la revêt d'une tiédeur perfide. Ses yeux nagent, ses bras retombent, tout son corps s'oublie en d'incroyables postures; sa voix flatteuse va au cœur et fait mourir. Quand on approche, l'émotion gagne, le trouble est contagieux; chaque geste, chaque parole d'elle semble une faveur. On dirait que ses cheveux, négligemment amassés sur sa tête, vont se dénouer ces jours-là au moindre soupir et vous noyer le visage; une volupté odorante s'exhale de sa personne comme d'une tige en fleur. Ivresse et poison! fuyez: toute femme en certains momens est séductrice.

A ces momens, en effet, je voulais fuir, je fuyais même quelquefois et m'absentais de Couaën pour plusieurs jours. L'idée de mariage alors me revenait: un amour virginal, à moi seul, et dans le devoir, ne pouvait-il donc balancer, me disais-je, l'attrait énervant de ces molles amitiés avec les jeunes femmes? Je m'y rejetais éperdument; je me peignais le foyer, son repos sérieux, ses douceurs fortes et permises. Les préludes gracieux, que j'avais auparavant connus à la Gastine, se réveillaient d'eux-mêmes sous mes regards et recommençaient en moi un chaste et rougissant tableau de flamme naissante. Deux mauvais vers de ma façon, dont je me souviens encore, se mêlaient, je ne sais trop comment, à ce vague épithalame :

> Et, des yeux, les amans se peuvent adorer
> Sous les yeux des parens qui semblent ignorer !

Mais, subterfuge bizarre ! au lieu de me diriger dans ces instans vers mademoiselle de Liniers, qui était toute trouvée, et près de laquelle, au fond, je me regardais bien comme assez engagé pour ne rien conclure ailleurs, j'allais imaginer des projets d'union avec quelqu'une des jeunes filles que j'avais pu apercevoir aux châteaux d'alentour. Puis, quand j'avais brodé de la sorte une pure fantaisie, et que mon cœur, derrière cela, se croyait fort comme sous la cuirasse, je raccourais à Couaën consulter la dame judicieuse. Elle se prêtait indulgemment à ces projets contradictoires, à ces folles ébauches que je poursuivais surtout pour côtoyer de plus près et plus aveuglément son amour, pour m'initier avec elle dans mille détails familiers dont elle était le but constant. Quand nous avions causé à loisir des beautés campagnardes entre lesquelles hésitait mon choix, elle s'employait, en riant, à me donner occasion de les rencontrer. Ces amitiés captieuses sont si sûres d'elles-mêmes qu'elles ne font pas les jalouses. Il y avait à une demi-lieue de Couaën un gentillâtre singulier, petit et vieux, veuf avec une fille de dix-sept ans qu'on disait belle : madame de Couaën me mena chez eux un jour. Je connaissais déjà le père pour l'avoir vu à nos réunions politiques, où il s'emportait quelquefois, bien que son correctif d'habitude, après chaque phrase, fût : « Pour moi, messieurs, je ne conspire pas. » A part son royalisme un peu impatient, le digne homme, en parfait contraste avec ses turbulens voisins, offrait un ensemble de goûts paisibles et méticuleux, que des infirmités naturelles avaient de bonne heure encouragés. Sa première éducation, fort mince, l'avait laissé à court, même en matière d'orthographe. Toutefois M. de Vacquerie aimait la lecture, faisait des extraits et copiait au net les beaux endroits, les endroits sensibles principalement : il recevait les ouvrages de Delille dans leur primeur. Tous les deux ans, un voyage à Paris le tenait au courant d'une foule de petites inventions à la mode, dont il était curieux. Il avait chez lui, pour mieux faire accueil aux visiteurs, un orgue de Barbarie avec des airs nouveaux et des cylindres de rechange, une optique avec des estampes représentant les vues des capitales, un microscope avec des puces et autres insectes, un jeu de solitaire sur une tablette du salon, et enfin sa fille, gentil visage en pomme d'api, intéressante miniature. Il fallait entendre, en revenant de là avec madame de Couaën, comme nous déroulions dans notre enjouement l'inventaire de cette dot future que m'allait apporter l'héritière de ces lieux : ajoutez-y pourtant un joli bois qui couvrait presque une demi-paroisse et deux gardes-chasse pour la montre. De mon côté, mademoiselle de Liniers que je visitais toujours, quoique plus rarement, ne témoignait pas une si insouciante humeur. Mais dans sa candeur de soupçon, ce n'était nullement madame de Couaën, c'étaient plutôt mes autres relations qui commençaient à l'inquiéter. Situation mensongère de nos trois cœurs! illusion trois fois moqueuse!

Mon amour serpentait par ces deux faux-fuyans sinueux, comme une eau sous l'herbe qui la dérobe. Je le perdais de vue, je l'entendais seulement bruire ; parfois même je l'aurais cru évanoui tout-à-fait, si quelque accident ne m'avait averti. Comme cet amour ne s'essayait jamais directement du côté de la personne aimée, il ne se démontrait à moi que par opposition avec les autres sentimens étrangers qui pouvaient traverser son cours. La plus forte preuve que j'eus en ce genre, fut ma résistance soutenue aux intentions peu équivoques d'une femme des environs, qui ne négligeait rien pour m'attirer. Mariée assez maussadement, je pense, âgée de trente-six ans à peu près, sans enfans, en proie à l'ennui des heures et aux désirs extrêmes de cette seconde jeunesse, prête à s'échapper, elle m'avait distingué en diverses rencontres : je la vis venir, au trouble insinuant de ses regards et aux vagues discours platoniques où elle s'efforçait de m'envelopper. Mes sens frémirent, mais mon cœur répugna : quelques mois plus tôt, je me fusse abandonné avec transport. Un jour que je m'étais laissé inviter chez elle, dans une lecture au jardin qu'elle m'avait demandée, elle m'interrompit folâtrement, m'arracha le livre des mains et se mit à fuir, en semant à poignées des roses qu'elle arrachait aux touffes des bousquets. Le péril fut vif par la surprise ; je n'eus garde de m'y exposer derechef. Ma force de résolution en cette circonstance me fit bien fermement sentir à quels autels mystérieux je m'appuyais.

Cependant l'impatience de ma situation me ressaisissait par fréquens et soudains assauts. Tout déguisement tombait alors, toute subtilité s'envolait, comme une toile légère sous la risée de l'orage. Je tendais ma chaîne, je l'agitais avec orgueil, je ne la voulais plus ni rompre ni cacher ; je la voulais emporter au désert. Combien de fois, cette chaîne adorée, il me sembla la traîner sur mes pas et l'entendre bruyamment retentir le long de la grève où je marchais contre le vent, respirant la pluie saline qui me frappait en plein le visage, et mêlant mon cri inarticulé aux glapissemens des goëlands et des flots ! Les yeux vers l'Ouest, devant moi l'Océan et ses sillons arides, mon regard s'arrêtait volontiers à une petite île dépouillée qui surgissait à peu de distance du promontoire voisin. Antique séjour, dit-on, d'un collége de Druides, puis plus tard monastère chrétien, aujourd'hui déserte à l'exception de quelques huttes misérables, j'imaginai, à force de la voir, de m'y installer en solitaire, de cultiver sur ce roc sans verdure ma pensée éternelle et sans fleur, et de n'en revenir visiter l'objet vivant qu'une fois par semaine au plus, dans la dévotion d'un pélerinage. Un jour donc, prétextant une absence, et sans confier ma résolution à personne, je passai en canot dans l'île dès le matin. J'en parcourus tout d'abord avec une sorte de joie sauvage les ruines, les escarpemens, les pierres monumentales ; j'en fis plusieurs fois le tour. Tant que le soleil brilla sur l'horizon, ce fut bien : mais la nuit en tombant m'y sembla morne et mauvaise. La journée et le soir du lendemain redoublèrent mes angoisses ; de mortels ennuis m'obsédèrent : les ténébreux désirs, les pensées immondes naissaient pour moi de toutes parts dans ces sites austères où je m'étais promis pureté d'âme et constance. Sur cet espace resserré je rôdais aux mêmes endroits jusqu'au vertige ; je ne savais où me fuir, de quel dieu sanglant épouvanter ma mollesse ; je me collais les mains et la face aux blocs de granit. Cet altier stoïcisme de la veille m'avait rudement précipité à un mépris abject de moi. Le sommeil me vint sous le toit d'un pêcheur, mais un sommeil trouble, épais, agité, pesant comme la pierre d'un sépulcre, et bigarré comme elle de figures et d'emblêmes pénibles. O Dieu! le soir de la vie, la nuit surtout qui doit suivre, ressemblerait-elle pour le lâche voluptueux à ces soirs et à ces nuits de l'île des Druides? ô Dieu! grâce s'il en est ainsi, grâce! je veux me retremper en toi avant le soir, te prier tandis que le soleil luit toujours et qu'un peu de force me reste; je veux m'entourer d'actions bonnes, de souvenirs nombreux et pacifians, pour que mon dernier sommeil soit doux, pour qu'un songe heureux, paisiblement déployé, enlève mon âme des bras de l'agonie et la dirige aux lumières du rivage.

A peine guéri de mon projet de retraite dans l'île, je me reportai plus loin ; je méditai une solitude moins étroite et moins âpre, derrière un plus large bras de l'Océan. Madame de Couaën m'avait souvent entretenu de sa maison natale, à un mille de Kildare, dans le comté de ce nom ; elle y avait vécu jusqu'à son départ d'Irlande, et sa mère y habitait encore. Je connaissais, pour les lui avoir fait décrire

en mainte circonstance, les moindres particularités de ces lieux, la longue allée entre une double haie vive qui menait à la porte grillée, les grands ormes de la cour, et, du côté du jardin, cette bibliothéque favorite, aux fenêtres cintrées où couraient le chèvre-feuille et la rose ; j'avais présens à toute heure les pots d'œillets qui embaumaient, les caisses de myrte sur les gradins du perron ; la musique des oiseaux, à deux pas, dans les buissons du boulingrin ; latéralement les touffes épaisses d'ombrage, et, en face, au milieu, une échappée à travers la plus fraîche culture dont la rivière Currah animait le fond. C'est là, dans ce cadre verdoyant, que mon amour se figurait la douce Lucy, en robe blanche, nu-tête, donnant le bras à sa mère affaiblie, la faisant asseoir sur un banc au soleil, lui remettant à la main sa longue canne dès qu'il fallait se lever et marcher : « Oh ! oui, m'écriai-je involon-
» tairement devant cette fille pieuse ; quand
» j'étais témoin de ses trop vives inquiétudes ;
» oui, madame, j'irai rejoindre votre mère là-
» bas, lui porter vos tendresses, la consoler
» de votre absence, la soigner en votre place ;
» je tiendrai à vous plus uniquement que ja-

» mais ; je serai pour elle un autre vous-
» même. » Et je me faisais redire, comme à un
messager intime, chaque objet en détail, les
fleurs aimées, les bancs les mieux caressés de
la chaleur, les places marquées par des souvenirs. Elle souriait au milieu de sa confidence,
avec une tristesse incrédule et pourtant reconnaissante. Mais, moi, je me prenais sérieusement à cette pensée ; les moyens d'exécution
se joignaient, se combinaient dans ma tête : il
n'y avait que l'idée du péril où je laisserais
M. de Couaën qui me pût encore retenir. Ayant
réfléchi cependant qu'une intrigue importante
était alors entamée à Londres ; qu'en y passant
j'y pouvais être à nos amis d'une utilité ma-
jeure ; que d'ailleurs un éclat immédiat paraissait de moins en moins probable, à cause de
la trêve avec l'Angleterre ; mêlant, je le crois
bien, à ces raisons, sans me l'avouer, une obscure volonté de retour, mon dernier scrupule ne tint pas, et j'attendis de pied ferme
l'occasion prévue.

Vers la fin de l'automne, en effet, un soir,
sous la brume et l'ombre, il nous arriva des
îles une barque avec trois hommes et de secrètes dépêches. M. de Couaën était depuis

quelques jours absent chez l'ancien gouverneur de......, à plus de vingt lieues de là, trop loin pour qu'on eût le temps de le faire avertir ; car la barque repartait à la nuit suivante. On put toutefois remettre un paquet cacheté qu'il avait eu la précaution de confier à sa femme en nous quittant. Je pris langue dans le jour avec ces hommes, et il fut convenu sans peine qu'ils m'emmèneraient. J'écrivis une longue lettre, particulièrement adressée à madame de Couaën, mais de manière qu'elle me servît aussi d'explication et d'excuse auprès de lui. J'y exposais mon projet, mes sentimens envers tous deux, mon vœu profond de ne tenir désormais au monde, à l'existence, que par eux seuls; j'y dépeignais le désordre de mon âme en termes expressifs, mais transfigurés ; j'y parlais de retour, sans date fixe, bien qu'avec certitude. Cette lettre écrite, je la plaçai dans ma chambre à un endroit apparent, et comme minuit approchait, je regagnai la falaise. La marée qui devait nous emmener était presque haute ; nos hommes, pourtant, qui amassaient des forces par un peu de sommeil, ne paraissaient pas; nous en avions bien encore pour une heure au moins. Je m'assis

donc, en attendant, précisément à cet guérite,
non loin de la chapelle, là où j'étais déjà venu
le jour de la prière. Les mêmes pensées, gros-
sies d'une infinité d'autres, s'élevaient dans
mon sein. L'onde, et l'ombre, et mon âme,
tout redoublait de profondeur et d'infini, en
moi comme autour de moi. C'était une nuit
froide et brune, sans nuages, où les étoiles
éclairaient peu, où les vagues bondissantes
ressemblaient à un noir troupeau, où perçait au
ciel, comme un signe magique, le plus mince
et le plus pâle des croissans. A cette heure d'un
adieu solennel et presque tendre, le génie de
ces lieux se dévoilait à mon regard avec plus
d'autorité que jamais, et, sans s'abaisser en
rien ni s'amollir, il se personnifiait insensiblement dans la divinité de mon cœur. Les temps
reculés, les prêtresses merveilleuses, le lien
perpétuel et sacré de l'Armorique et de l'Irlande, ces saints confesseurs, dit-on, qui faisaient le voyage en mouillant à peine leur san-
dale sur la crête aplanie des flots, je sentais
tout cela comme une chose présente, familière,
comme un accident de mon amour. D'innombrables cercles nébuleux, dans l'étendue de
l'Océan visible et de l'Océan des âges, vibraient

autour d'un seul point de ma pensée, et m'environnaient d'un charme puissant. Au plus fort de cette redoutable harmonie, où je me noyais pour me retrouver sans cesse, il me sembla que des airs et des eaux s'élevait une voix qui criait mon nom : la voix s'approchait et devenait par momens distincte ; il y avait des intervalles de grand silence. Mais un dernier cri se fit entendre, un cri, cette fois, qui me nommait avec détresse ; un accent humain, réel et déchirant. Je me levai tout saisi d'effroi. Qu'aperçus-je alors ? une femme errante, en sarreau flottant, sans ceinture, les cheveux comme épars, courant à moi dans un noble égarement, et agitant à la main quelque chose de blanc qu'elle me montrait. Ame de ces plages, fatidique beauté, Velléda immortelle ! par cette veille d'automne, sous cette lune naissante, était-ce vous ? il ne lui manquait que la faucille d'or.

C'était celle que vous avez vous-même devinée, mon ami ; c'était Elle, pas une autre qu'Elle, Elle devant moi, à cette heure, sur ce roc désert où déjà nos mains s'étaient pressées ; Elle, me criant de bruyère en bruyère et me cherchant ! Je demeurais muet, je croyais à une fascination; il me fallut plusieurs minutes pour comprendre. Or voici ce qui s'était passé. Durant toute la guerre, les nouvelles d'Irlande ne nous parvenaient qu'indirectement, avec nos périlleuses dépêches de Londres. Depuis la paix, la correspondance de famille s'était faite à découvert; quelques lettres pourtant, par un reste d'habitude, avaient continué de suivre l'ancien détour. Ce soir-là, avant de s'endormir, madame de Couaën eut fortement l'idée qu'il en pouvait être ainsi, et elle s'était hasardée à ouvrir le paquet qu'elle n'avait pas visité la veille. Une lettre à son adresse la frappa aussitôt; c'était l'écriture de son frère; sa mère était morte. Cette lettre fatale à la main, elle courut à ma chambre sans m'y trouver : on m'avait vu sortir; elle n'en demanda pas davantage, et, soit vague instinct vers une route connue, soit conclusion soudaine que je ne pouvais être autre part, à cette heure, qu'au lieu de l'embarquement, elle s'y trouva toute portée : ses pieds l'y avaient conduite par un entraînement rapide.

Je l'apaisai; son sein se gonfla; je tirai d'elle des réponses et des larmes. L'ayant contrainte à s'asseoir un moment, j'osai toucher de la

main ses pieds de marbre. Et puis nous revînmes doucement, comme nous étions revenus tant de fois. Pour mieux rassasier sa douleur, pour lui montrer combien, à l'instant de l'annonce funeste, ma pensée, non moins que la sienne, était d'avance tout entière à l'objet ravi, je lui contai le projet qu'avait arrêté sa venue ; elle lut la lettre que j'avais écrite : son trouble fut grand, nous mêlions nos âmes :
« Oh ! promettez que vous ne partirez jamais,
» me disait-elle ; M. de Couaën vous aime tant !
» vous nous êtes nécessaire. Ma mère n'est
» plus, j'ai besoin de vous pour vous parler
» d'elle et de ces choses que vous seul savez
» écouter. » — Le lendemain, après une conversation inépuisable sur l'objet révéré, tout d'un coup et sans liaison apparente, elle s'écria en me regardant de ce long regard fixe qui n'était qu'à elle : « Dites, vous resterez
» avec nous toujours, vous ne vous marierez
» jamais ? » Je ne répondais qu'en suffoquant de sanglots, et par mes pleurs sur ses mains que je baisais.

VI.

M. de Couaën arriva le jour suivant. Les dépêches étaient graves et plus décisives que nous n'aurions pu croire. Une rupture de l'Angleterre paraissait imminente ; nos amis projetaient de petits débarquemens successifs ; tout d'ailleurs se nouait étroitement à Paris. M. de Couaën, ayant le besoin de s'y rendre lui-même, nous annonça qu'il partait incontinent : mais par réflexion, et pour dérouter les conjectures, il fut convenu qu'il emmènerait sa femme et ses enfans, et que je les accompagnerais : cela ainsi aurait tout l'air d'un voyage en famille. Le vieux serviteur François, durant cette quinzaine, restait chargé du soin de la côte. La veille de ce prompt départ, madame de Couaën étant occupée aux préparatifs, je pris le chemin, désormais bien lumineux, de la colline : je ne l'avais pas encore monté si léger, si bondissant de cœur, avec plus de souffle à la face et dans mes cheveux. Le monde intérieur se peuplait enfin pour moi, le monde du dehors et de l'action allait s'ouvrir. Je n'avais jamais tant goûté à la fois de cette double vie. L'inquiétude pourtant de l'entreprise si prochaine aggravait un peu mon émotion, et, bien qu'il s'y mêlât en perspective mille occasions enviables de services et de dévouement, je ne pouvais me dérober à l'idée d'un bonheur inaccompli, mais cher, mais ignoré, paisible et croissant, qu'on aventure. Le marquis surtout me semblait incompréhensible. Moi, je concevais mon imprévoyance apparente; je les suivais, lui et elle, et leur fortune. Lui, au contraire, que suivait-il? Quelle fatalité orageuse lui interdisait de jouir? Il était clair qu'il allait se briser quelque part, nous briser plus ou moins tous ensemble; je n'osais d'avance augurer, en ce qui le concernait, sur quel écueil ni avec quelle chance de naufrage. Tandis que j'alternais ainsi d'elle à lui et que je me posais inévitablement, au début de toute combinaison attrayante, l'énigme silencieuse de cette noble figure, voilà qu'ayant atteint la bruyère, je l'aperçus lui-même de loin, qui marchait à pas lents et s'arrêtait par pauses fréquentes, les mains enfoncées jusqu'au coude dans ses poches de derrière, et la tête sur sa poitrine, comme quelqu'un d'absorbé qui s'oublie. J'étais à son côté qu'il ne m'avait point entendu encore, tant son attention au-dedans était forte, tant aussi le vent de mer soufflait contre nous et chassait les bruits, et tant l'herbe fine de la bruyère assoupissait mes pas. Quand je le saluai par son nom, il se redressa brusquement comme découvert dans sa blessure; il reprit et garda une attitude de corps moins abandonnée, mais le bleu amer de ses yeux, l'endolorissement humide de ses tempes, laissaient à jour son âme, et, sous une forme assez abstraite et générale, la conversation qu'il entama poursuivit tout haut sa pensée.

J'ai remarqué maintes fois, mon ami, que les hommes d'action, les esprits fermes et résolus, même les plus ignorans, quand ils s'abattent sur les pures idées, y font des percées profondes; qu'ils se prennent et se heurtent à des angles singuliers, et ne les lâchent pas. Jetés à la rencontre dans la métaphysique, ils y chevauchent étrangement et la traversent par les biais les plus courts, par des sentiers audacieux et rapides. Comme le nombre des questions sérieuses n'est pas infini pour l'homme,

11.

comme le nombre des solutions l'est encore moins, il y a une sorte de curiosité à voir les éternels sujets de méditation remaniés au pli de l'expérience active, et la rude énergie d'un mortel héroïque se tailler, en passant, une ceinture à sa guise, au lieu de la trame oiseuse et subtile, toile de Pénélope, des dialecticiens et des philosophes.

M. de Couaën, d'une voix altérée que j'entends encore, me tenait donc les mélancoliques discours dont voici le mouvement et le sens :

« Amaury, Amaury, c'est une rude arène que la vie, une ingrate bruyère; et j'étais en train de me le dire quand vous êtes venu. Il y a une loi probablement, un ordre absolu sur nos têtes, quelque horloge vigilante et infaillible des astres et des mondes. Mais, pour nous autres, hommes, ces lointains accords sont comme s'ils n'étaient pas. L'ouragan qui souffle sur nos plages peut faire à merveille dans une harmonie plus haute ; mais le grain de sable qui tournoie, s'il a la pensée, doit croire au chaos. Depuis que l'homme est, dit-on, sorti du chêne, il n'est pas moins assujetti à l'aquilon que devant ; ici battu, rabougri, stérilisé (et il frappait de sa canne une ieuse maigre et nouée du chemin), plus loin majestueux, dominant et tout en ombrage ; et pourtant la vigueur du tronc que voilà n'est pas la moindre. Les destinées des hommes ne répondent point à leur énergie d'âme. Au fond, cette énergie est tout dans chacun; rien ne se fait ou ne se tente sans elle ; mais entre elle et le développement où elle aspire, il y a l'intervalle aride, le règne des choses, le hasard des lieux et des rencontres. S'il est un effet général que l'humanité en masse doive accomplir par rapport à l'ensemble de la loi éternelle, je m'en inquiète peu. Les individus ignorent quel est cet effet; ils y concourent à l'aveugle, l'un en tombant, comme l'autre en marchant. Nul ne peut dire qu'il est plus fait que son voisin pour y aider. Il y a une telle infinité d'individus et de coups de dés humains qui conviennent à ce but en se compensant diversement, que la fin s'accomplit sous toutes les contradictions apparentes ; le phénomène ment perpétuellement à la loi ; le monde va, et l'homme pâtit; l'espèce chemine, et les individus sont broyés !...

» Non, en fait de destinée humaine individuelle, en fait même d'événemens principaux et de personnages de l'histoire, je ne sais rien à proclamer de nécessairement et régulièrement coordonné; je ne sais rien qui, selon moi, au point de vue où nous sommes, n'ait pu aussi bien être autre, et offrir une scène et des figures toutes différentes. » Et il prenait l'exemple le plus saillant, qui m'est toujours resté : « Vous jugez peut-être le 9 thermidor, avec la chute de Robespierre et des siens, un événement nécessaire; il y a du vrai en un sens : on était las des monstres. Et pourtant si, ce jour de thermidor, la commune et Robespierre avaient vaincu, ce qui était matériellement fort possible, Robespierre ne serait pas tombé. Qui sait alors la tournure nouvelle ? Il eût ménagé la transition lui-même; l'hypocrite se serait tempéré; il aurait parodié jusqu'au bout Octave, et ce serait lui au lieu de l'autre, lui, l'ancien triumvir, que nous aurions à vaincre aujourd'hui, et qui peut-être nous vaincrait....

» Je crois volontiers, cher Amaury, à une loi suprême, absolue, à une ordonnance ou fatalité universelle; je crois encore à l'énergie individuelle que je sens en moi. Mais entre la fatalité souveraine et sacrée, celle de l'ensemble, le ciel d'airain des sphères harmonieuses; et cette énergie propre à chaque mortel, je vois un champ vague, nébuleux, inextricable, région des vents contraires, où rien pour nous ne se rejoint, où toute combinaison humaine peut être ou n'être pas. Dans l'ordre absolu, j'ignore si tout se tient, si le dedans de notre navire terrestre est lié dans ses moindres mouvemens aux vicissitudes supérieures. Un remuement de rats, à quelque fond de cale, se rattache-t-il au cours de la lune, aux moussons de l'Océan? Que cela soit ou non en réalité, pour nous, hommes, aucun lien de cette sorte n'est appréciable. Tel qu'un équipage nombreux à bord de cette terre, nous nous démêlons donc entre nous. L'heure, le rang, les circonstances, un câble ici ou là entre les jambes, une foule de causes variables qu'on peut appeler *hasard,* se combinent avec l'énergie de chacun, pour l'aider ou la combattre. Cette énergie, tantôt triomphe, tantôt, succombe; il n'est qu'heur et malheur, voilà tout.

» Quand on se sent vigoureux d'âme, plein d'aptitude et d'essor, et que pourtant la destinée favorable nous manque, on la voudrait du moins noblement et grandement contraire. A défaut d'éclat glorieux, on réclamerait de sanglantes infortunes et des rigueurs acharnées, pour ne rien éprouver à demi. Mais non : c'est trop demander, ô homme! Aux plus grands cœurs, l'infortune souvent elle-même est médiocre; un guignon obscur vous use. Au lieu du tonnerre, c'est un brouillard. Vous avez un délabrement lent et partiel, et pas une grande ruine.

» Voyez, voyez, s'écriait-il (et il me montrait la mer qui battait la pointe du promontoire : de temps à autre, une vague plus haute jaillissait en écume contre la pointe et montait avec blancheur dans un coin de soleil couchant, qui seul perçait le ciel couvert), voyez cette vague qui brille et s'élance à la crête du rocher, comme une divinité marine : voilà le grand homme, l'homme qui arrive à la cime; mais au prix de combien d'autres avortés! Bien des vagues se pressaient dans la même ambition, aussi fortes et aussi puissantes; nul œil ne les discernera; nulle voix ne les appellera déesses. Les unes en grondant retombent en ce sein mobile qu'elles ont un moment gonflé, les autres expirent dans quelque anse cachée, dans un antre du bord, comme un phoque obscur. Pour une qui s'élance et surgit au piédestal, que de vaincues rongent la base et ne servent qu'à lancer plus haut l'heureuse et la triomphante! ainsi sur l'océan des hommes. Une seule différence, c'est que la vague heureuse est lancée au but comme un trait, tandis qu'une fois au dessus du niveau commun, l'énergie humaine, jusque-là comprimée, réagit, se déploie, pose le pied où elle veut, et tient l'empire.

» Cet homme qui monte et grandit chaque jour, que j'admire et que je hais; que demain, si l'on n'y met ordre, ses victoires couronneront César; cet homme dont j'irais baiser le gant, si je ne lui réservais une lame au cœur, — vous le croyez sans pareil à son époque : le mugissement public le salue; écoutez! on le proclame déjà l'unique, l'indispensable, le géant de notre âge. Il a ses pareils, Amaury, j'en réponds; il a des égaux, peu nombreux, je le sais, mais il en a! Il en a jusque dans la foule qui se rue sous ses balcons; il en a qui mourront sergens dans son armée, ou colonels peut-être; il en a qui mourront à le haïr et à ne pouvoir le vaincre;

il en a qui vivront assez pour le subir jusqu'au bout dans son orgueil et dans sa démence.

» Vous, Amaury, jeunes gens à l'âge de l'action qu'on se figure prochaine et de l'enthousiasme exubérant, vous ne sentez pas ainsi. Vous ne comptez pas, vous ne mesurez pas. Vous acceptez avec ivresse vos rivaux et l'univers, vous confiant en vous-mêmes, et sans discuter les chances! (Je n'ai pas besoin de dire qu'ici le marquis s'y méprenait à mon égard.) Vous leur faites la part généreuse. Pourvu que le combat s'engage sur l'heure, que vous importe le soleil dans les yeux? le résultat qui va suivre vous paraît d'avance la justice même, et plus que suffisant à tout redresser. Mais plus tard, aux abords de la grise saison, quand le sort a chicané sans pudeur, quand la bataille a reculé dès l'aurore et qu'on est harassé de contre-temps, on se fait chagrin, raisonneur et sévère. Il est dur de voir les occasions, une à une, s'écouler, nos pareils s'ancrer et s'établir, de nouvelles générations qui nous poussent, et la barque de notre fortune, comme un point noir à l'horizon, repartir sans avoir abordé, et se perdre dans l'immensité, le nombre et l'oubli.

» Tel homme vous paraît bizarre, taciturne et déplacé. Vous avez vécu près de lui, avec lui; vous l'avez accosté maintes fois. Vous l'avez rencontré aux eaux deux étés consécutifs; il a dîné avec vous, deux hivers, à la table de la garnison; vous le croyez connaître. Pour vous il est jugé d'un mot : nature incomplète et atrabilaire, dites-vous; et le voilà retranché des hauts rangs. Savez-vous donc ce que cet homme a dans l'âme, ce qu'il pourrait devenir s'il n'était barré à jamais par les choses, s'il se sentait tant soit peu dans sa voie, s'il lui était donné un matin, au sortir de ses broussailles, d'embrasser d'un coup-d'œil toute sa destinée ?

» Puis, lorsqu'une fois ils sont arrivés à bon terme, on exagère, on amplifie après coup les hommes; on fait d'eux des trophées ou des mannequins gigantesques; on les affuble d'idées quasi-surnaturelles; on leur met dans les poches vingt sortes de systèmes, placets des rêveurs et rhéteurs à la postérité. Niaiserie et mensonge que tout cela ! — Eh! bonnes gens, sachez-le bien : il y a par le monde tel maussade personnage, crotté comme vous peut-être, et tout-à-fait de même étoffe que vos demi-dieux. Il y a bien des virtualités sans *exertion* (mot fort juste qui nous manque, Amaury, et que la marquise prononcerait beaucoup mieux que moi), bien des germes pareils, qui avortent obscurément, ou s'arrêtent à des degrés inférieurs, faute d'occasion, de fraîche brise et de soleil. »

Comme je voyais le marquis tourner obstinément sur la même idée et s'y embarrasser avec fatigue, je pris sur moi de l'interrompre. « Cette multiplicité, cette déperdition des facultés humaines en ce monde, lui dis-je, est consolante à la fois et triste; triste pour tel ou tel individu sans doute; consolante à l'égard de l'ensemble. Cela montre que le gros même du genre humain aujourd'hui se compose, se recrute d'une noble et précieuse matière, et qu'il n'est plus destiné en lot au premier Nemrod venu, comme autrefois. J'aime mieux cette nombreuse infortune refoulée et gémissante qu'un niveau dormant; j'aime mieux ces têtes de princes, de capitaines, d'orateurs, étouffés et luttant à la nage, qu'un paisible troupeau d'animaux sous un ou deux pasteurs. »

— Mais, lui, n'entendait pas la chose dans le sens de mes conclusions. Toute son ironie contre les individus hors de ligne ne tournait pas à la pensée du grand nombre, à la considération de l'importance croissante et bientôt dominante d'une masse aussi mue des plus généreux fermens. Il dévorait simplement comme un outrage, de ne pas être un des mortels d'exception qui se tiennent tête et rompent entre eux la paille du sort; un des chasseurs de peuples, s'il le fallait, ou des pasteurs. M. de Couaën n'avait pas le sentiment des temps modernes.

Le soir tombait ; nous redescendions tous les deux assez pesamment l'éternelle et chère montagne. C'était presque dans le ciel le même instant de déclin, que quand j'étais redescendu la première fois avec Elle, il y avait un peu plus d'un an ; et à cette saison avancée, sous cette froide teinte automnale, le souvenir de la soirée sereine se ranimait en moi par le contraste des moindres circonstances. A la conversation remplie de tout-à-l'heure avaient succédé quelques-uns de ces mots rares et insignifians qui témoignent la fatigue d'une pensée prolongée : le marquis, de plus en plus sombre, poussait intérieurement la sienne. Comme je levais les yeux au tournant de la descente, j'aperçus vers l'angle du rempart, à l'endroit juste d'où la première fois il nous avait vus venir, celle même que je conduisais alors. Elle nous guettait du logis à son tour et brillait de loin sur sa plate-forme, comme une apparition de châtelaine, blanche dans l'ombre, calme et clémente : « Regardez, ne pus-je » m'empêcher de m'écrier en touchant le bras » du marquis, regardez, ne voilà-t-il pas l'Es- » pérance?

» *Lucia nimica di ciascun crudele !*

» C'est Dante, marquis, Dante, le poëte des » proscrits et des âmes fortes comme la vôtre, » qui dit cela. » Un bref sourire fronça railleusement sa lèvre; il le recouvrit aussitôt de quelques mots affectueux.

Vous figurez-vous nettement, mon ami, le cours de la pente et le point tournant de l'avenue où se passaient ces choses? Avez-vous bien noté, dans ses accidens les plus simples, cette route toujours la même? Vous y ai-je assez souvent ramené, pour vous la peindre? Si vous la visitiez, la reconnaîtriez-vous? Si je meurs demain, ce coin désert du monde se conserverat-il en une mémoire? ou plutôt, ne vous ai-je pas lassé en pure perte sur des traces sans but? N'avez-vous pas trouvé, à me suivre, la montée bien lente, la contemplation bien longue, et le retour par trop appesanti ? N'avez-vous pas été rebuté devant ces ennuis que j'aime, et cette monotone grandeur ? Si cela est, mon ami, patience ! voici qu'enfin nous quittons ces lieux. Couaën, dans trois semaines, me reverra un instant : mais non plus sur la montagne. Une seule fois encore, la dernière et la suprême, quand j'y reviendrai, sept longues années auront pesé sur ma tête : ce sera le lendemain ou le soir des plus formidables et des plus agonisantes de mes heures d'ici-bas ; ma destinée profane sera close, scellée à jamais sous la pierre. Pélerin courbé et saignant, vous me verrez porter la cendre du sacrifice au haut de cette même colline où naquit mon désir : le marquis et moi, appuyés l'un sur l'autre, nous la monterons !

Et pourtant, un inexprimable regret se mêle à la pensée du premier charme. Les hommes dont la jeunesse et l'adolescence se sont passées à rêver dans les sentiers déserts, s'y attachent et y laissent, en s'en allant, de bien douces portions d'eux-mêmes, comme les agneaux leur plus blanche laine aux buissons. Ainsi, hélas! je laissai beaucoup à la bruyère de la Gastine; ainsi surtout à celle de Couaën. Bruyères chéries, ronces solitaires qui m'avez dérobé, quand je m'en revenais imprudemment, qu'avez-vous fait de mon vêtement de lin et de la blonde toison de ma jeunesse?

VII.

Le voyage fut pour moi, mon ami, ce qu'est toujours le premier voyage hors du canton natal, un voyage avec celle qu'on aime : l'ivresse d'abord de se sentir mouvoir et lancer indolemment d'un essor rapide à l'encontre de la destinée; l'orgueil naïf d'être regardé, envié, le long des villages, sur le devant des maisons, par ceux qui demeurent; la confusion joyeuse, comme dans une fête, des actes les plus ordinaires de la vie; une curiosité égale à celle de l'enfant qu'on tient entre les genoux, et qui s'écrie, et dont on partage l'allégresse tout en affectant l'insouciance; beaucoup de côtes que l'on monte à pied par le sentier le plus court;

d'un air d'habitude et avec la nouveauté de la découverte ; des conversations infinies, près de la glace baissée, sous toutes les lueurs du ciel, mais qui redoublent quand la lune levée idéalise le paysage et que le sommeil ne vient pas ; — puis, quand le sommeil est venu, le silence dont jouit celui qui veille ; les fantaisies qu'il attache aux arbres qui passent ; une légère idée de péril qu'il caresse ; mille gênes délicieuses, ignorées, qu'il s'impose, et qu'interrompent bientôt les gais accidens du souper et de la couchée. Toute cette féerie variée de la route alla expirer, le soir du cinquième ou sixième jour, dans la fatigue, la brume et le tumulte ; nous étions au faubourg de Paris.

Notre descente se fit à deux pas du Val-de-Grâce, en ce même cul-de-sac des Feuillantines dont vous m'avez plus d'une fois entretenu, et que l'enfance d'un de vos illustres amis vous a rendu cher. Que de souvenirs, à votre insu, vous suscitiez en moi, quand vous prononciez le nom de ce lieu, en croyant me l'apprendre! Madame de Cursy, tante de M. de Couaën, ancienne supérieure d'un couvent à Rennes, vivait là en communauté avec quelques religieuses de son âge : elle nous attendait et nous reçut dans sa maison. M. de Couaën avait cru possible d'accepter son hospitalité, pour cette fois, sans la compromettre. C'était une personne de vraie dévotion, d'une soixantaine d'années approchant, petite de taille, ridée, jaunie, macérée de visage, mais avec je ne sais quel éclair de l'aurore inaltérable ; une de ces créatures dont la chair contrite s'est faite de bonne heure à l'image du crucifié, et qu'un reflet du glorieux suaire illumine au front dans l'ombre, comme une des saintes femmes au sépulcre. Heureuses les âmes qui passent ici-bas de la sorte sous un rayon voilé, et chez qui l'amoureux sourire intérieur anime toujours et ne dissipe jamais le perpétuel nuage ! Sa figure avait bien quelque chose du tour altier de son neveu, mais corrigé par une douceur de chaque moment, et la noblesse subsistante de ses manières se confondait avec son humilité de servante de Dieu, pour familiariser tout d'abord et mettre à l'aise en sa présence. Elle connaissait déjà madame de Couaën pour l'avoir reçue dans deux voyages précédens ; mais elle n'avait pas vu encore les enfans. Ils la goûtèrent au premier aspect, et, à notre exemple, l'appelèrent *Mère*. Je fus accueilli comme de la famille. Un souper abondant nous répara, et comme on le prolongeait insensiblement en récits, elle se chargea elle-même de nous rappeler notre fatigue. A peine nous avait-elle conduits dans nos chambres, à nos lits protégés de Christs et de buis bénis, que je sentis le profond silence de cette maison se détacher dans le bruissement lointain de la grande ville, et je rêvai pour la première fois au bord de cet autre Océan.

Le lendemain dimanche, par un beau soleil d'onze heures, et la messe entendu à l'église Saint-Jacques-du-Haut-Pas (car celle du petit couvent s'était dite avant notre lever), nous nous dirigeâmes vers le brillant Paris, dont je n'avais saisi la veille que le murmure nocturne. Oh! quand les ponts furent traversés et que les Tuileries repeuplées nous apparurent ; quand, dans cette cour trop étroite, je vis reluire et bondir généraux, aides-de-camp, garde consulaire, et les jeunes femmes aux fenêtres les saluer ; quand, le premier consul lui-même sortant à cheval au coup de midi, vingt musiques guerrières jouèrent, à la fois, *Veillons au salut de l'Empire;* quand tous les coursiers hennirent et se cabrèrent, et que dans l'ondulation croisée des panaches, des crinières de casque et des étendards, une acclamation tonnante partit jusqu'aux nues.... ô misère! je me reconnus bien petit alors, bien chétif, et plus broyé en chacun de mes membres que la poussière sous le fer des chevaux. La respiration me manquait. Il me revint à l'esprit, en ce moment, ce que j'avais lu chez Plutarque de ces corbeaux qui tombèrent morts dans l'acclamation insensée de la Grèce à son prétendu libérateur. En jetant les yeux sur le marquis, qui était près de moi, il me sembla plus déplorable encore. Une désolation livide assiégeait et battait son front, comme eût fait l'aile d'un vautour invisible; sa lèvre pâlie se rongeait; son œil avait de la haine. Il nous quitta presque aussitôt, en nous recommandant quelque promenade par les jardins. Moi, je n'avais pas de haine, mais plutôt un regret jaloux, un saignement en dedans, suffoquant et sans issue. Le sentiment de précoce abnégation, contre lequel s'amassait ainsi ma sève généreuse, fut long, vous le verrez, à s'établir, à s'acclimater en moi. Dans le cours des années oisives qui vont suivre, il se compliqua fréquemment de colères étouffées; il eut d'ardens accès au milieu de mes autres blessures, et les irrita souvent.

Mais quand on est jeune et qu'on aime, tout va d'abord à l'amour. Toute souffrance l'enrichit, toute passion, même étrangère, s'y verse et l'augmente. L'ambition ne se plaint d'être indigente que parce qu'elle lui voudrait prodiguer les trônes. La curiosité qui jouit des sites nouveaux, ne fait que lui quêter de frais asiles et lui choisir en idée des ombrages. Enviez, désirez, imaginez, cœurs de vingt ans; élargissez-vous! déplacez vos horizons; attisez votre soif de guerre; distrayez-vous le regard! la fin du désir, le terme et la palme de l'effort est toujours l'amour. Si je l'avais eu alors, l'amour, dans sa vérité et sa certitude; si l'être trop pur, à qui je vouais un feu sans aliment et sans éclat, ne m'avait fait à jamais douter, jusqu'au fond de moi, du mot souverain *je t'aime;* si, dans ces Tuileries inconnues, sous les marronniers effeuillés, autour du vert tapis solitaire que foule Atalante, quelques paroles fatales, éternelles, avaient osé s'embraser et m'échapper; si enfin, coupable et brûlant que j'étais alors, j'avais cru fermement à mon mal, ah! du moins, que ce mal m'eût paru meilleur que tout! comme il eut éclipsé le reste! Groupes dorés, resplendissant matin du siècle, astre consulaire, comme je vous aurais méprisés! L'homme qui aime et qui est sûr d'aimer, s'il passe à l'écart le long d'une foule enivrée et glorieuse, est pareil au juif avare qui porterait un diamant hors de prix, solide et limpide, enchâssé dans son cœur, de quoi acheter au centuple cette fête qu'il dédaigne comme mesquine, et ceux qui l'admirent, et ceux qui la donnent, tandis que lui, d'un simple regard sur le cristal magique, il y peut à volonté découvrir plus de conquêtes que Cyrus, plus de magnificence que Salomon.

Quoique mon amour ne dût jamais figurer au dedans un cristal d'une telle transparence et si merveilleusement doué; quoiqu'il ne se dessinât au plus que par lignes tremblantes, égarées et confuses, le mouvement toutefois qu'il subissait, et les secousses diverses, aidaient à l'accroître et lui donnaient plus de corps et de réalité. Le dépaysement surtout et la variété des lieux, quand on commence d'aimer, tournent au profit de l'amour; comme tout ce qu'il rencontre lui est tributaire, il ressemble à ces eaux qui grossissent plus vite en se déplaçant. Si l'on passe d'une longue et calme résidence à un séjour brusquement étranger, cela devient très-sensible; toutes les portions vagues de notre âme, qui là-bas s'enracinaient aux lieux, détachées maintenant et comme veuves, se replient et s'implantent à l'endroit de l'unique pensée. L'excitation des sens, l'échauffement d'imagination, dont les bocages de Couaën m'avaient mal préservé et que des spectacles journaliers, mortels aux scrupules, venaient redoubler en moi, étaient une autre cause, moins délicate, d'accélération passionnée; ce fut la principale, hélas! et la plus aveugle; il faut y insister, j'en rougis de honte! je n'aurai ici à vous raconter que des ravages.

Vous ne sauriez vous faire qu'une pâle idée, mon ami, du Paris d'alors, tel qu'il était dans l'opulence de son désordre, la frénésie de ses plaisirs, l'étalage émouvant de ses tableaux. La chute du vieux siècle, en se joignant à l'adolescente vigueur du nôtre, formait un confluent rapide, turbulent, de limon agité et d'écume bouillonnante. Nos armées oisives, et la multitude d'étrangers de toute nation accourus pendant cette courte paix, étaient comme une crue subite qui faisait déborder le beau fleuve. Je ne pus, il est vrai, qu'entrevoir et deviner tant d'ivresse tumultueuse dans ces deux semaines que dura mon premier séjour. Mais, quoique je sortisse peu seul et que j'accompagnasse d'ordinaire Mme de Couaën, mon regard fut prompt à tout construire. En passant sur les places et le long des rues, j'observais mal le précepte du Sage, et je laissais ma vue vaguer çà et là : mon coup-d'œil oblique, qu'on aurait jugé nonchalant, franchissait les coins et perçait les murailles. Elle à mon bras, on m'eût cru absorbé en un doux soin, et j'avais tout vu à l'entour. Une ou deux fois, le soir, après avoir fait route avec M. de Couaën jusqu'à ses rendez-vous politiques, près de Clichy, où je le quittais, je m'en revins seul, et de la Madeleine aux Feuillantines je traversai, comme à la nage, cette mer impure. Je m'y plongeais d'abord à la course au plus profond milieu, multipliant dans ma curiosité déchaînée ce peu d'instans libres. « L'ombre est épaisse, la foule est inconnue ; les lumières trompeuses du soir éblouissent sans éclairer ; nul œil redouté ne me voit, » disais-je en mon cœur. J'allais donc et me lançais avec une furie sauvage. Je me perdais, je me retrouvais toujours. Les plus étroits défilés, les plus populeux carrefours et les plus jonchés de piéges, m'appelaient de préférence ; je les découvrais avec certitude ; un instinct funeste m'y dirigeait. C'étaient des circuits étranges, inexplicables, un labyrinthe tournoyant comme celui des damnés luxurieux. Je repassais plusieurs fois, tout haletant, aux mêmes angles. Il semblait que je reconnusse d'avance les fosses les plus profondes, de peur de n'y pas tomber; ou encore, je revenais effleurer le péril, de l'air effaré dont on le fuit. Mille propos de miel ou de boue m'accueillaient au passage ; mille mortelles images m'atteignaient ; je les emportais dans ma chaire palpitante, courant, rebroussant comme un cerf aux abois, le front en eau, les pieds brisés, les lèvres arides. Une telle fatigue amenait vite avec elle son abrutissement. A peine conservais-je assez d'idées lucides et de ressort pour me tirer de l'attraction empestée, pour rompre cette enlaçante spirale en pente rapide, au bas de laquelle est la ruine. Et lorsque j'avais regagné l'autre rive, lorsque, échappé au naufrage sur ma nouvelle montagne, j'arrivais au petit couvent où les bonnes religieuses de madame de Couaën n'avaient pas achevé de souper, il se trouvait que ma course dévorante à travers ces mondes de corruption n'avait pas duré plus d'une heure.

La vue si calme offerte en entrant, la nappe frugale, le sel et l'huile des mets, ces pieux visages silencieux et reposés, à droite et à gauche de madame de Cursy, une bonne odeur de Sainte-Cène qui s'exhalait, et les grâces en commun de la fin, tout cela me rafraîchissait un peu d'abord et dissipait le plus épais de mon sang à mes joues et dans mes yeux. Pourtant aucune crainte salutaire ne renaissait en moi; les sources sacrées ne se recouvraient plus. Il me restait au fond une sécheresse coupable, un souvenir inassouvi que j'entretenais, tout le soir, jusque sous le regard chaste et clément. Le reflet de cette lampe modeste, qui n'aurait dû luire que sur un cœur voilé de scrupules, tombait, sans le savoir, en des régions profanées.

Un matin, par une légère et blanche gelée de décembre, nous étions au Jardin des Plantes, madame de Couaën et moi avec les enfans, que l'idée de la ménagerie poursuivait jusque dans leurs songes. Après bien des allées et des détours, assis sur un banc, tandis qu'ils couraient devant nous, nous jouissions de cette beauté des premiers frimas, de la clarté frissonnante du ciel et de l'allégresse involontaire qu'elle inspire : « Ainsi, disais-je, ainsi sans doute dans la vie, quand tout est dépouillé en nous, quand nous descendons les avenues sans feuillage, il est de ces jours où les cœurs rajeunis étincellent comme au printemps : les premiers tintemens de l'âge glacé nous arrivent dans un angélus presque joyeux. Est-ce illusion décevante; un écho perdu de la jeunesse sur cette pente qui mène à la mort? Est-ce annonce et promesse d'un séjour d'au-delà ? » — « C'est promesse assurément, disait-elle. » — « Oui, reprenais je, c'est quelque appel lointain, une excitation affectueuse de se hâter et d'avoir confiance à l'entrée des jours ténébreux, de ces jours dont il est dit *non placent.* » Et je lui expliquais, dans toute la tristesse que j'y supposais, ce *non placent.* Mais auprès de nous, sur le même banc, deux personnes, deux femmes, d'un âge et d'une apparence assez respectables, s'entretenaient, et comme le mot de *machine infernale* revenait souvent, nous prêtâmes malgré nous l'oreille, c'était en effet de l'attentat de nivôse, échoué il y avait juste deux ans à pareil jour, qu'il était question; et l'horreur naïve avec laquelle ces femmes en parlaient, me fit venir une sueur au visage : madame de Couaën elle-même, d'ordinaire indifférente sur ces sujets, pâlit. En quels complots étions-nous donc embarqués? où tendions-nous? avec quels hommes? par quels moyens? et quel serait le jugement public sur nos têtes? Cette pensée fut à la fois celle de madame de Couaën et la mienne; nous n'eûmes pas besoin de nous la communiquer; un long silence coupa les gracieuses mysticités que nous déduisions tout-à-l'heure. Elle se plaignit de souffrir, et je la reconduisis. Mais, moi, remué dans mes plus sombres idées par ce que j'avais entendu, je ne me tins pas au logis, et m'en revins seul à la même allée du jardin. Les femmes qui causaient sur le banc, n'y étaient plus. Deux autres avaient succédé, dont l'une jeune, de mise éclatante et équivoque. Sous le nuage de mes yeux, elle me sembla belle. Regards, chuchotemens, marcher lent et tortueux, rires aigus, aussi perfides que le sifflement de l'oiseleur, tout un manége bientôt commença. Je m'y prêtai de loin plus qu'il n'aurait fallu : la pensée coupable remplaçait en moi la pensée sombre. Aux momens de perplexité et d'amertume, si Dieu est absent, si ce n'est pas à l'autel du bon conseil, si c'est dans les places et les rues qu'on se réfugie, la diversion sensuelle se substitue aisément au souci moral dont elle dispense. L'avenir prochain qui gêne à prévoir, l'éternité entière elle-même, disparaissent dans un point chatouilleux du présent. Les fruits sauvages des haies nous sont bons parce qu'ils engourdissent : l'homme se fait semblable aux petits des brutes. Pour me servir, mon ami, des fortes et chastes comparaisons de l'Écriture, on est d'abord comme un agneau en gaîté qui suit une autre que sa mère; qui suit par caprice matinal et comme en se promettant de fuir. Les détours sont longs, riants à l'entrée et fleuris; la distance rassure : cette allée encore, puis cette autre; au coin prochain de la charmille, il sera temps de se dérober; et le coin de la charmille est passé, et l'on suit toujours. L'entraînement machinal prend le dessus peu à peu ; déjà l'on ne bondit plus; on ne dit plus : « A ce coin là-bas, je fuirai; » on baisse le front; les sentiers se resserrent, les pas alourdis s'enchaînent : l'imprudent agneau est devenu comme le bœuf stupide que l'on mène immoler. J'en étais là, mon ami ; je me livrais tête baissée,

sans plus savoir, quand une rencontre subite, qu'elles firent au tournant d'une grille, emporta les folles créatures. Des éclats bruyans, accompagnés de moqueries, m'apprirent que j'étais éconduit et délivré. Mon premier mouvement, l'avouerai-je, fut un âpre et sot dépit; je me sentais toute la confusion du mal, sans en avoir consommé le grossier bénéfice. Pourtant le remords lui-même arriva. Quand je fus rentré auprès de madame de Couaën; que je la revis pâle, ayant pleuré et tout entière encore à l'incident du matin; quand elle me dit : « C'est singulier, voici la première fois que je
» songe sérieusement aux choses; aujourd'hui
» seulement elles m'apparaissent dans leur vé-
» rité. Les paroles de ces femmes ont été un
» trait affreux de lumière, dont je reste at-
» teinte. Nous sommes engagés, nos amis et
» nous, mon mari, ces chers enfans que voilà
» (et elle les baisait avec tressaillement), dans
» une voie de ruine et de crimes. Comment
» n'avais-je jamais envisagé cela? Mais non,
» l'idée de ma pauvre mère et notre douce vie
» ombragée de là-bas m'avaient tout masqué.
» J'ai toujours été absorbée dans une seule
» pensée à la fois; » — en l'entendant s'exhaler

de la sorte, je ne trouvais pas en moi ce que j'y aurais voulu d'inépuisable et de tendre pour mêler à sa blessure; mon âme n'était plus une pure fontaine à ses pieds, pour réfléchir et noyer ses pleurs. L'esprit sincèrement gémissant se retirait de dessous mes paroles; tout en les prononçant de bouche, souillé d'intention, j'avais honte de moi, bien autrement honte, je vous assure, qu'après les mauvais soirs où j'avais erré confusément : car ici c'était une figure distincte, la première de cette espèce que j'eusse remarquée, suivie, — et à la face du soleil!

Ceci se passait la veille de Noël, l'avant-veille de notre départ. M. de Couaën s'était suffisamment entendu avec les personnages du parti : pour moi, je n'avais été immiscé à aucune relation directe. Cette journée de Noël fut employée par nous au repos et aux saints offices. Le petit couvent s'emplit, bien avant l'aube, de cantiques, de lampes et d'encens : ces vieilles voix de carmélites semblaient rajeunir. Nous allâmes toutefois le matin à Saint-Jacques-du-Haut-Pas, pour y jouir plus en grand de la solennité renaissante. L'impression de madame de Couaën ne s'était pas dissipée; sa souffrance, qui avait pris un air de calme, reparaissait dans l'attitude insistante et profondément affectée de sa prière. Rempli de cette vue, sollicité par de si touchans alentours, convaincu au-dedans d'humiliante fragilité, l'idole de ma raison ne tint pas; un rayon du berceau divin, du berceau de Bethléem, m'effleura un moment; je me retrouvai en présence de mes jours les plus vifs de croyance et de grâce, avec un indicible sentiment de leur fuite; je souhaitai de les ressaisir, j'étendis la main vers ce berceau rédempteur qui me les offrait. Oh! qu'elle demeure étendue, cette main suppliante, qu'elle ne se lasse pas, qu'elle se dessèche avant que de retomber! Où étiez-vous, Anges du ciel, mes bons patrons, pour la soutenir? J'ai faibli jusque-là sans doute, j'ai divagué dangereusement, j'ai convoité et caressé l'écueil; mais il y avait lieu au simple retour encore; cette année chrétienne, en commençant, m'eût pu prendre dans son cours, comme le flux d'une marée plus haute reprend l'esquif oublié des marées précédentes. Ma réforme se serait faite avant l'entière chute; rien d'absolument mortel n'était consommé. Hélas! non pourtant, j'étais déjà trop sous la prise mortelle, trop au bord de ma perte, pour qu'un autre effort qu'un effort désespéré m'en tirât; je m'agenouillai et m'agitai vainement sur la pente. Dans ce geste d'un moment vers le berceau lumineux, c'était moins une arche abritée et sûre, à l'entrée du déluge des grandes eaux, que j'invoquais pour mon salut de l'avenir, qu'une innocente corbeille de fruits aimables et regrettés que je saluais d'une imagination passagère. La volonté en moi ne voulut pas; la grâce d'en haut glissa comme une lueur. Combien d'autres Noëls semblables, que celui-ci m'eût épargnés, combien de Pâques me revirent de la sorte, mais ayant déjà roulé au fond et tout dégradé, ô mon Dieu! formant des vœux impuissans, des résolutions à chaque heure contredites; me proposant, Seigneur, des points d'appui et des temps d'arrêt solennels dans cette rechute insensée; tantôt suspendu à votre crèche, tantôt aux angles du saint tombeau; implorant pour me tenir un des clous mêmes de votre Croix, et m'écriant : « A partir de cette Pâques du moins, ou de ce Noël, je veux mourir et renaître; je jure de ne plus retomber! » et la facilité déplorable, énervante, semblait redoubler avec mes efforts ; jusqu'au jour enfin, où la volonté et la grâce concordant mystérieusement, et comme deux ailes égales venues à la fois, me portèrent à l'asile de tendresse et de fixité, au roc solide qui donne la source jaillissante.

Nous quittâmes Paris après beaucoup d'adieux à madame de Cursy, qui nous fit promettre de bientôt revenir. Notre retour, par des pluies continuelles, fut morne et peu riant. Madame de Couaën demeurait pâle, préoccupée ; le marquis s'absorbait en silence dans les desseins qu'il venait d'explorer de près ; et moi, outre l'inquiétude commune, j'avais mon propre désordre, l'embrassement et la lutte animée sur tous les points intérieurs. Si je m'occupais avec quelque attention des enfans, qui seuls n'avaient pas changé de gaîté, mes yeux, rencontrant ceux de madame de Couaën constamment attachés à ces chers objets, y faisaient déborder l'amertume. Dans ce court voyage, si gracieux au départ, et durant lequel rien d'effectif en apparence, rien de matériellement sensible, n'était survenu, que de calme détruit sans retour, que d'illusions envolées !

Infirmité de nos vues et de nos désirs ! un peu plus d'éclaircissement çà et là, un horizon plus agrandi sous nos regards, suffisent pour tout déjouer.

VIII.

Cette tristesse pourtant n'était, à vrai dire, dans notre cas, qu'un pressentiment troublé qui anticipait de peu sur les choses, comme en mer la couleur changée des eaux qui annonce l'approche des fonds dangereux. Les événemens bien vite la justifièrent. En arrivant à Couaën fort avant dans le soir, nous apprîmes que plusieurs détachemens de soldats s'étaient répandus, depuis quelques jours, sur les côtes voisines, et que la nôtre, celle de St.-Pierre-de-Mer, venait elle-même d'être occupée : il paraissait qu'ayant eu vent des débarquemens projetés, on les voulait prévenir. Mais, en cet instant, je pus à peine m'enquérir des détails : un mot pour moi, apporté dans le courant de cette dernière année, me marquait que mon oncle, atteint de paralysie, n'avait probablement que peu d'heures à vivre. Je repartis à cheval avant de m'être assis au salon, et, laissant Couaën dans son anxiété que je partageais, je me hâtai, battu de présages, et sous la plus nébuleuse des nuits, vers mes propres douleurs.

Vous avez quelquefois, mon ami, traversé les crises inévitables; vous avez perdu quelque être cher, vous avez fermé les yeux de quelqu'un. La nuit, par les chemins, ainsi que moi, vous vous êtes hâté, dans quelque froide angoisse, ne sachant si le mourant ne serait pas déjà mort à votre arrivée, ralentissant le trot tout d'un coup quand vous approchiez des fenêtres et que vous touchiez au pavé des rues ou de la cour, de peur d'éveiller le moribond chéri, reposant peut-être en ce moment d'un sommeil léger et salutaire, ou de vous heurter peut-être à son sommeil éternel. Vous avez assisté, je suppose, à quelque affliction de mère qui ne veut pas être consolée; vous avez serré dans une étreinte muette la main d'un père altier et sensible qui a enseveli son unique enfant mâle. Le hasard ou la pitié vous a certes conduit dans quelque galetas hideux de la misère; vous y avez vu sur la paille des accouchées amaigries, des nourrissons criant la faim, ou aussi deux vieillards paralytiques, époux, l'un qui parle encore ne pouvant marcher, l'autre qui se traîne encore ne pouvant se faire entendre; vous avez respiré cette sueur des membres du pauvre, plus vivifiante ici-bas à qui va l'essuyer, que l'encens que brûlent les anges, et vous êtes sorti de là prêt à confesser la Croix et la charité. — A minuit, secoué en sursaut, au milieu d'un rêve, par des cris lugubres, vous avez vu peut-être votre chambre rougie des reflets de l'incendie, et vous couvrant à peine de vêtemens, la langue épaisse de salive, la lèvre noire et desséchée, vous avez couru droit à votre vieille mère étonnée, pour l'emporter hors du péril; vous l'avez déposée en lieu sûr, et revenu seul alors, vous avez, sans espoir de secours, calculé les progrès du désastre, le temps que ce pan de mur mettrait à brûler, puis cet autre, puis ce toit, songeant en vous-même où vous coucheriez demain ! — La pauvreté peut-être aussi, comme il arrive subitement en nos temps de vicissitudes, vous a saisi au dépourvu, et vous avez formé des résolutions fortes et pieuses de travail pour le soutien des vôtres. Enfin, mon ami, vous avez passé à coup sûr par quelqu'une de ces heures sacrées, où la vie humaine s'entr'ouvre violemment sous la verge d'airain et où le fond réel se découvre.... Eh bien, en ces momens, dites-moi, à ces heures de vraie vie, de vie déchirée et profonde, dites, si l'idée a pu s'en présenter à vous, que vous ont paru les sens et les images qui les flattent, et leurs plaisirs ? dites : combien bas ! honteux ! déviés ! extinction de tout esprit et de toute flamme, et pour parler sans nuances, crapuleux dans leur ivresse et abrutissans dans leur pâture ! Oui, si durant une veille de la Toussaint, sous les portiques de marbre du plus beau cloître sicilien baigné par les flots, quand la procession des moines circule à pieds nus sur les dalles, chantant les prières qui délivrent, — si tout d'un coup, à travers les grilles des soupiraux, s'exhalait une infecte bouffée des égouts de nos grandes villes, l'effet ne serait pas autre que celui des plaisirs et de la volupté, quand ils nous reviennent en ces momens où la douleur sévère, la mort, l'amour en ce qu'il a d'éternel, triomphent et nous retrempent dans la réalité des choses de Dieu. Chaque fois que, du sein de ces ondes mobiles et contradictoires où nous errons, le bras du Puissant nous replonge dans le courant secret et glacé, dans cette espèce de Jourdain qui se dirige, d'une onde rigoureuse, au-dessous des tiédeurs et des corruptions de notre Océan, à chaque fois nous éprouvons ce même frisson de dégoût soulevé par l'idée de la Sirène, et nous vomissons les joies de la chair. Et si cela nous affecte ainsi, parce qu'une douleur purifiante nous visite et que nous assistons à la mort des autres, demandons-nous souvent : Que sera-ce donc aux abords de la nôtre? Que sera-ce après, au choc formidable du rivage ?

Quand j'arrivai à la maison, mon pauvre oncle respirait encore, mais il n'y avait plus aucun espoir, et son râle suprême était l'unique signe de vie. Depuis plusieurs heures, il ne soulevait plus les paupières, il ne balbutiait plus et ne témoignait plus rien entendre : ses derniers mots avaient été pour s'enquérir si je venais. Debout près du lit, je serrai doucement sa main dans la mienne et lui adressai la parole en me nommant. Il me sembla sentir une pression légère qui répondait; une velléité de sourire à l'angle des lèvres acheva sa pensée, et jusqu'au dernier souffle, cette pression de sa main, quand je parlais, se renouvela; il m'avait du moins reconnu. Ainsi je perdis l'être qui m'avait le plus aveuglément et le plus naïvement aimé au monde, qui m'avait le plus aimé par les entrailles.

J'étais en effet orphelin de père et de mère dès le bas âge, ce que j'ai omis de vous dire en commençant. Mon père, officier aux armées navales, avait péri sur le pont de sa frégate par un accident survenu dans une manœuvre. Ma mère, qui l'avait suivi de près, m'était restée, à l'horizon de la mémoire, comme dans l'azur lointain d'un souvenir. Je me voyais en une antichambre carrelée où l'on me baignait d'ordinaire, les jours de dimanche et de fête; j'étais nu au bain, et le soleil, qui entrait par la porte ouverte de la cour, tombait à terre sur le carreau en formant de longs losanges que je dessinerais encore. Mais tout-à-coup une musique militaire, jouant dans la rue et annonçant le passage de quelque troupe, se fit entendre; je voulais voir, je m'écriais pour qu'on me portât aux fenêtres de la chambre voisine; et les femmes qui étaient là hésitaient ou s'y refusaient, quand une autre femme pâle, en noir, entra brusquement, avec un grand bouquet de fleurs rouges, ce me semble, à la main; et elle me prit humide dans une couverture et me mena aux soldats qui passaient. Cette femme en noir, dans mon idée, ce devait être ma mère. Mais la scène elle-même, le bain, la musique guerrière, tout cela n'était peut-être qu'un songe suscité après coup dans mon imagination attendrie, par les récits qu'on me faisait journellement. On me parlait beaucoup de ma mère : mon oncle, qui était son frère germain, et dont la nature casanière, sensible et un peu verbeuse, ne sortait pas de quelques impressions du passé, m'avait nourri du plus pur lait domestique. Quoique d'une naissance fort inférieure à la qualité de mon père, elle était si renommée dans le pays dès avant son mariage, par sa perle de beauté et de souriante sagesse, que presque personne ne jugea qu'il y eût mésalliance. Ç'avait été un roman que leur rencontre, et les scrupules de la jeune fille, et la poursuite passionnée de mon père, qui accourait de Brest, dès qu'il le pouvait et quelquefois pour une demi-heure de nuit seulement, durant laquelle, rôdant sous la fenêtre, il n'apercevait qu'une ombre indécise à travers la vitre et le rideau. Tant de soins vainquirent ce cœur : et un jour, par un radieux après-midi, conduite en cha-

loupe dans la rade de Brest, la belle mariée avait lestement monté l'échelle de la frégate *l'Élisabeth*, où un bal galant l'attendait. Sur ce voyage et cette fête dont il avait été dans le temps, mon bon oncle revenait sans cesse, ou plutôt il n'en était pas revenu encore, et jusqu'à la fin il voyait se détacher dans cet encadrement, nouveau pour lui, d'échelles et de cordages, les grâces et le triomphe de sa sœur.
—Eh bien! oui! toujours, uniquement, jamais assez! recommencez sans crainte, Oncle maternel, recommencez jusqu'à ce que je me souvienne autant que vous, jusqu'à ce que je me figure moi-même avoir vu. L'imagination de l'enfance est tendre, facile non moins que fidèle; le miroir est vierge et non terni; gravez-y avec le diamant, ravivez-y cent fois ces pures empreintes! Comme les souvenirs ainsi communiqués nous font entrer dans la fleur des choses précédentes, et repoussent doucement notre berceau en arrière! comme ils sont les nuées de notre aurore et le char de notre étoile du matin! Les plus attrayantes couleurs de notre idéal, par la suite, sont dérobées à ces reflets d'une époque légèrement antérieure où nous berce la tradition de famille et où nous

croyons volontiers avoir existé. Mon idéal à moi, quand j'avais un idéal humain, s'illuminait de bien des éclairs de ces années dont je n'ai jamais pu recueillir que les échos. Au milieu des rentrées pavoisées de D'Estaing et de Suffren, que me déroulait la fantaisie, je me suis peint souvent le grand escalier de Versailles, où m'aurait présenté mon père en quelqu'un de ses voyages, et quand je voguais dans les chimères, c'est toujours à l'une des chasses de ces royales forêts que je transportais invinciblement ma première entrevue avec M. de Couaën, mais avec M. de Couaën honoré et puissant alors comme il le méritait. N'êtes-vous donc pas ainsi, mon ami? Ne vous semble-t-il pas que vous ayez vécu avec pompe et fraîcheur en ces années que je vous raconte? Ces matins pourprés du Consulat n'ont-ils pas une incroyable fascination de réminiscence pour vous qui n'étiez pas né encore? N'avez-vous pas remarqué comme le temps où nous aurions le mieux aimé vivre, est celui qui précède immédiatement le temps où nous sommes venus?

Privé de mes parens, je ne manquai donc d'aucun des soins affectueux qui cultivent une jeune nature. Mon oncle, qui habitait la campagne où il avait quelque bien, et toute la famille de ma mère, éparse aux environs, faisaient de moi l'objet de mille complaisances. Mon père ne m'avait laissé que des cousins éloignés et des amis que la révolution dispersa encore, mais dont les survivans ne perdirent jamais de vue en ma personne son nom et son pur sang. A un grand fonds de reconnaissance pour la bonne famille qui m'élevait, je joignais moi-même, l'avouerai-je? une secrète conscience de supériorité de condition. Mais rien n'en perçait au dehors, et quand plus tard je fus négligent et parus ingrat envers beaucoup de ces bons parens qui m'aimaient et m'avaient comblé dès mon enfance, une si misérable pensée n'entra nullement dans mon oubli; je ne faisais que suivre trop au hasard le fil du courant qui m'écartait. Ces parens, en effet, du côté de ma mère, qui me couvaient en mémoire d'elle et que je cessai presque tout-à-coup de voir en m'émancipant, je les aimais, je ne me souviens d'eux qu'avec émotion, ils comptent encore maintenant dans le fond de ma vie. Mais ils l'ignorent, ils l'ont ignoré; ils en ont souffert et s'en sont plaints. C'est que la jeunesse est ingrate naturellement, d'humeur fugace et passagère. Elle tourne vite le dos à ses jeux d'enfance, à la verte haie de clôture, à ce champ nourricier dont elle a butiné le miel et mangé les fruits. Elle va, elle part un matin, comme l'essaim qui ne doit plus revenir, comme le corbeau de l'arche qui ne rapporta pas le rameau; elle garde du passé la fleur et la dissémine au devant. Rejetant bien loin, et d'un air d'injure, tout ce qu'elle ne s'est pas donné, elle veut des liens à elle, des amis et des êtres rien qu'à elle, et qu'elle se soit choisis; car elle croit sentir en son sein des trésors à acheter des cœurs et des torrens à les féconder. On la voit donc s'éprendre, pour la vie, d'amis d'hier inconnus jusque-là, et prodiguer l'éternité des sermens aux vierges à peine entrevues. Toujours excessive et hâtée, elle est peu clémente envers ce qu'elle quitte; elle déchire ce qu'elle détache; elle rompt les anciennes racines plutôt que de les laisser tomber. Dans son essor vers les préférences agréables, dans ses chaînes imprudentes au foyer de l'étrangère, elle méprise la bonne nature qui aime sans savoir pourquoi, et parce qu'on est plus ou moins proche par le sang.

Saisissez bien ma simple idée, mon ami; je

ne blâme point la jeunesse d'être expansive, de ne pas vouloir s'enraciner au seuil paternel et de se porter à la rencontre des autres hommes. Je sais que nous ne vivons plus sous l'ancienne loi, à l'ombre du palmier des patriarches; que les mots d'*inconnus* et d'*étrangère* n'ont plus le même sens que du temps du Sage, et qu'il serait impie en vérité de redire avec lui, tant la communion de l'Agneau a tout changé : « Ne » donnez pas à autrui votre fleur et vos années » au cruel, de peur que les étrangers ne s'em-» plissent de vos forces et que vos sueurs n'ail-» lent dans une autre maison. » Il y a plus : cet élancement indéfini de la jeunesse, ce détachement des liens du sang et de la race, le peu d'acception qu'elle en fait, et son entière ouverture de cœur, pourraient être un des précieux auxiliaires de la nouvelle alliance et de la fusion des hommes. Mais il ne faudrait pas dissiper cette expansion, riche de zèle, en traversée d'inconstance et d'erreur, en prédilections capricieuses et stériles. Et puis, certaines vertus inaliénables de l'ordre de famille ne devraient jamais disparaître même sous la loi de fraternité universelle, et quand le règne évangélique se réaliserait sur la terre.

Avec une nature aimante et qui, bien dirigée, eût suffi aux liens antérieurs comme aux adoptions nouvelles, je sus être à la fois indiscret dans mes attaches au dehors, et ingrat pour ce que je laissais derrière. Mon tort le plus réel à ce dernier égard, et qui me reste toujours au vif, tellement que je saigne encore en y songeant, tomba sur une bonne dame, parente et marraine de ma mère, et qui avait transporté d'elle à moi les mêmes sentimens, augmentés de ce qu'y ajoutent l'âge et le souvenir des morts qu'on pleure. Il vint un moment, dans le fort de mes courses et diversions à la Gastine, où je la visitai moins souvent; et après mon absorption à Couaën, je ne la vis plus du tout. Sa maison n'était pas très-éloignée pourtant de la route qui menait de Couaën au logis de mon oncle; mais on ne passait pas précisément devant, et une fois le premier embarras créé, j'attendis, j'ajournai, je n'osai plus. Elle se montra d'abord tout indulgence; elle s'informait de moi près de mon oncle, et mettait mes irrégularités sur le compte des occupations et des nouveaux devoirs. Mais quand, après les mois et les saisons, les jours de l'an eux-mêmes se passèrent sans que je la visse, il lui échappa de se plaindre, et elle dit un jour : « Ne reverrai-je donc plus Amaury, une fois au moins avant ma mort ? » Je sus ce mot, je me promis d'y aller et je ne le fis pas. En partie mauvaise honte, en partie distraction aveugle, j'étais barbare. Qu'avez-vous pu penser de moi, ô vieille amie de ma mère ? Qu'avez-vous pu lui dire au ciel en la rejoignant ? M'avez-vous cru véritablement ingrat et gâté de cœur ? M'avez-vous jugé plus fier et plus dur avec l'âge, et devenu soudainement méprisant pour ceux qui m'aimaient? A l'heure suprême, où, présent, vous m'eussiez béni, comme une aïeule, avez-vous conçu contre mon oubli inexplicable des pensées sévères ? Et aujourd'hui que vous lisez en moi, aujourd'hui que j'ai si souvent prié pour vous et que votre nom fidèle me revient à chaque sacrifice dans la commémoration des morts, âme bienfaitrice, au sein des joies de Marie, m'avez-vous pardonné ?

Comme les amitiés humaines sont petites, si Dieu ne s'y mêle! comme elles s'excluent l'une l'autre ! comme elles se succèdent et se chassent, pareilles à des flots ! voyez, comptez déjà, mon ami. J'avais déserté le logis de la marraine de ma mère pour la Gastine, et voilà que la Gastine elle-même est bien loin. Couaën, qui a succédé, se maintiendra-t-il ? Nous sommes près, hélas! d'en partir, et durant ces années qui suivront, je vais m'appliquer à l'oublier. O misère! cette maison où vous allez soir et matin, qui vous semble la vôtre et meilleure que la vôtre, et pour laquelle toute précédente douceur est négligée, si l'idée de Dieu n'intervient au seuil et ne vous y accompagne, cette maison, soyez-en sûr, aura tort un jour; elle sera évitée de vous comme un lieu funeste, et quand votre chemin vous ramènera par hasard auprès, vous ferez le grand tour pour ne point l'apercevoir. Plus vous êtes doué vivement, et plus ce sera ainsi. Vous irez ensuite en une autre maison, puis en une troisième, comme un hôte errant qui essaie de s'établir, mais vous ne reviendrez pas à la première; et celle qui vous retiendra en vos dernières années et à laquelle vous paraîtrez plus fidèle, le devra simplement à l'habitude prise, à votre fatigue, à votre apathie finale, à cette impuissance d'aller plus loin et de recommencer. Et le sentiment de la fuite et du déplacement inévitable des liaisons purement humaines, lorsqu'on a déjà éprouvé deux ou trois successions de ce genre, devient tel en nous, que, souvent, jeunes encore et avides d'un semblant d'aimer, nous n'avons plus assez de foi pour nous livrer sérieusement à des essais nouveaux. Le simulacre de durée qui embellit toute origine ne nous séduit plus. Nous montons donc l'escalier des amis d'aujourd'hui, nous disant que probablement dans un an ou deux nous en monterons quelque autre; et le jour où cette prévoyance nous vient, nous sommes morts de cœur à l'amitié. Il n'y a de durable et de placé hors de la merci des choses, à l'épreuve de l'absence même, des séparations violentes et des naufrages, que ces amitiés, pour parler avec un aimable moderne, *en présence desquelles Dieu nous aime,* et qui nous aiment en présence de Dieu; sur lesquelles, aux heures orageuses, descend, comme un câble de salut, la foi aux mêmes objets éternels, et qui, aux heures sereines, reconnaissent et suivent la même étoile conductrice, venue d'Orient; amitiés diligentes, dont le premier acte est de déposer un noble type d'elles-mêmes dans le trésor céleste où elles le recherchent ensuite et l'étudient sans cesse afin de l'égaler.

Tant que les derniers momens de mon oncle et les devoirs funéraires m'avaient retenu, je n'eus de nouvelles de Couaën que celles que j'envoyais quérir chaque jour ; mais le lendemain de l'enterrement j'y pus aller moi-même passer quelques heures. On m'y apprit plus en détail l'occupation de la côte. Les soldats stationnaient dans les enfoncemens, sans se montrer, et ne laissaient approcher personne ; ils évitaient d'allumer des feux et observaient une garde plus rigoureuse surtout durant les nuits, comme espérant surprendre les arrivans à la descente. L'officier qui les commandait, et qu'on disait d'un haut grade, paraissait avoir des indications fort précises quant au lieu, bien qu'inexactes pour la date. M. de Couaën m'eut l'air peu ému : soit besoin de tout calmer autour de lui, soit contenance familière à ces caractères énergiques dès que le danger se dessine, soit conviction réelle, il nous soutenait avec le plus grand sang-froid du monde que la mine n'était pas éventée, que les indications portaient nécessairement à faux, que ces mouvemens mêmes de troupes, deux ou trois mois à l'avance, le prouvaient. Il se refusa absolument aux précautions de sûreté personnelle, et tout ce que je pus obtenir, c'est qu'il réunirait ses papiers compromettans dans une armoire secrète de la tour, avec permission, à moi, de les détruire en cas d'urgence : nous n'avions par bonheur rien reçu des armes et des poudres qu'on nous annonçait. Nos autres amis et bruyans conspirateurs des environs n'étaient pas si raffermis probablement ; M. de Couaën n'avait eu révélation d'aucun depuis son retour, tant l'alerte soudaine avait dispersé ces coureurs de lièvres. Le bon M. de Vacquerie, lui, qui *ne conspirait pas*, était encore le seul qui osât donner signe de vie, non pas de sa personne, le pauvre homme ! mais du moins par ses deux gardes-chasse, qui, à son ordre, allaient, venaient, s'informant, avertissant, et sur un perpétuel qui-vive. Ils se présentèrent deux fois à Couaën de la part de leur maître, durant le court après-midi que j'y passai, et, en les voyant, madame de Couaën, toute triste qu'elle était, ne put s'empêcher de répondre à mon sourire. Elle était bien triste en effet, pâle, fixe et dans une monotonie de pensée qui tendait à la stupeur. Une idée, que je n'ose appeler superstitieuse, l'oppressait, et elle me la conta, heureuse de trouver enfin à qui la dire. Notre douce chapelle de Saint-Pierre-de-Mer n'avait pas été respectée par les *bleus :* ils s'y étaient installés dès l'abord, comme en une espèce de quartier central. Le matin même de Noël, le vieux François, qui, l'avant-veille encore au soir, était revenu de la côte, laissant les choses à l'ordinaire, avait trouvé le lieu envahi, la lampe éteinte ou brisée, et tout un bivouac dans la nef. D'après certaines particularités du récit et les divers renseignemens sur l'heure de l'arrivée des troupes en ce point, madame de Couaën concluait que c'était la veille de Noël, au matin, qu'avait eu lieu cette violation, et elle s'imaginait que la lampe symbolique de l'autel, depuis tant d'années vigilante avait dû être éteinte au moment même où, ce jour-là, nous autres, assis sur le banc du Jardin des Plantes, avions entendu les paroles de ces femmes, dont elle s'était sentie si instantanément blessée. Elle ne pouvait s'expliquer que de la sorte, disait-elle, sa commotion électrique de là-bas, cette espèce de veine amère qui s'était rompue alors dans sa poitrine, ce froid subit et glacé qui avait soufflé sur son bonheur. L'explication mystérieuse qu'elle se donnait me gagna moi-même, et, tout en essayant de la combattre en elle, j'en restai préoccupé. J'y ai repensé sérieusement depuis : ce n'est jamais moi qui nierai, bien que je n'en aie été favorisé en aucun temps, ce mode de communications étranges, ces harmonies intermédiaires, que Dieu a tendues pour les rares usages, et dont l'aile des esprits bons ou mauvais peut, en passant, tirer des accords justes ou prestigieux.

Il est des époques et des nœuds dans notre vie où, après une longue inaction, les événemens surviennent tous à la fois et s'engorgent comme en une issue trop étroite : ainsi, cette courte semaine ne suffisait pas aux accidens. M. de Greneuc, infirme et alité depuis quelques mois, étant mort vers le temps de notre voyage, madame de Greneuc se décida à quitter cette résidence de deuil pour une autre terre en Normandie. Je ne fis mes adieux qu'aux derniers momens. La digne dame était morne et sans parole. Mademoiselle Amélie, égale, attentive comme toujours, avait sensiblement pâli, et sa voix, redoublant de douceur dans sa simplicité, avait acquis, même sur les tons très-bas, un son liquide continu qui allait à l'âme et faisait peine : combien il avait fallu de larmes épanchées au-dedans, pour attendrir à ce point et pénétrer cette jeune voix! Elle se trouvait près de la porte de la chambre, quand j'y entrai; à mon apparition, une subite rougeur la trahit, qui, en s'éteignant presque aussitôt, marqua mieux cette pâleur habituelle. Moi, j'étais gauche, contraint, à faire pitié; je me rejetais dans les banales ressources de condoléance et de politesse; je n'entamais rien. Elle eut compassion de mon embarras, et me remit avec aisance dans l'ancien train de causerie et de questions sur Couaën; elle me fit conter notre voyage. Madame de Greneuc nous ayant laissés seuls un instant, j'essayai enfin d'aborder le point essentiel, sentant que c'était l'heure ou jamais, et en même temps ne pouvant et n'osant qu'à demi. Oh! qu'il est difficile d'avancer d'un pied ferme, quand les longues herbes d'un sentier presque oublié sont devenues glissantes et visqueuses comme des serpens ! « Quelque part qu'elle allât, lui disais-je, elle devait compter sur mon souvenir constant et profond, sur l'intérêt fidèle dont je l'accompagnerais dans son séjour nouveau et dans ses ennuis. Cette séparation d'ailleurs ne pouvait durer, nous nous reverrions à coup sûr avant peu, et jusque-là il fallait qu'elle crût à la vigilance de toutes mes pensées. » J'en étais encore à tourner dans ce vague cercle quand madame de Greneuc rentra. Paroles misérables, et pourtant aussi sombres d'artifice que mon intention lâche et double le comportait ! Je tâchais à la fois d'exprimer ce que j'éprouvais réellement et de paraître exprimer ce que je n'éprouvais pas, d'être sincère avec moi et trompeur avec elle ; ou plutôt, à le bien prendre, je ne cherchais qu'à me tirer décemment d'une crise pénible, sans viser même à donner le change sur le fond : car cela signifiait trop clairement : « Comptez sur moi, comme moi-même ; mais n'y comptez pas plus que moi. Je suis tout vôtre, si jamais je puis l'être ; je voudrais vouloir, et je ne veux pas ! » Mademoiselle Amélie, en m'entendant, était restée naturelle, patiente, m'acceptant à ma mesure, ne venant que jusqu'où j'allais, ne témoignant dépit ni surprise, ni persuasion outrée, ni résignation qui se mortifie : à un moment où je lui tendais la main, elle me la toucha. Enhardi pourtant par la rentrée de madame de Greneuc, et souhaitant arriver à une espèce de conclusion, je me mis à parler vivement des circonstances politiques et de l'incertitude qui enveloppait encore toutes les existences de jeunes hommes d'ici à un temps plus ou moins long, à deux ans au moins, et je revins avec assez d'affectation sur ce terme de deux ans, auquel il fallait ajourner, disais-je, toute détermination définitive. Mademoiselle Amélie, en relevant le mot, m'indiqua qu'elle avait compris, et qu'elle consentait : « Vous avez raison, reprit-elle ; avant deux ans au moins, rien n'est possible dans les existences privées, grâce à tout ce qui s'agite ; il serait peu sensé d'asseoir d'ici-là aucun projet de vie ; » et elle ajouta : « Mais soyez prudent, vos amis vous en supplient ; soyez-le plus que par le passé. » Je me levai là-dessus, profitant de son sourire. Je pris congé de madame de Greneuc et d'elle ; je les embrassai, et je partis. Elle m'accompagna jusqu'à la barrière de la cour, tout comme autrefois, malgré la neige qui était tombée. Quelle supériorité de jeune fille elle garda jusqu'au bout, et quelle dignité généreuse ! Tels furent mes derniers adieux à la

Gastine ; tel j'en sortis pour n'y jamais revenir, embarrassé, honteux, la tête peu haute, peu loyal, et ne pouvant sans inconvénient l'être plus. Combien cette sortie humiliée différait d'avec les anciennes ! Où était-elle cette molle et idéale soirée de mon triomphe rêveur ! Et qu'avais-je donc tant gagné depuis, qu'avais-je osé de si grand et goûté de si vif, pour dédaigner et fouler toutes ces virginales promesses ! — Je m'arrêtai court à cette pensée, et me repentis de l'avoir eue : assez d'ingratitude, ô mon Ame ! plains et pleure ce que tu perds, mais ne renie pas ce que tu as trouvé !

En rentrant au logis, après cette visite, je rencontrai d'abord l'un des deux éternels gardes-chasse de M. de Vacquerie. Ce dernier était à la ville au moment où M. de Couaën, qui y avait aussi fait un tour, venait d'être arrêté par ordre supérieur, et dirigé immédiatement sur Paris. Le bon M. de Vacquerie avait à l'instant dépêché l'un de ses gardes vers madame de Couaën, au château, et l'autre à moi-même : ces pauvres gens ne s'étaient jamais vus si utiles. J'arrivai à Couaën avant la nuit ; les officiers de police et magistrats, partis de la ville à la minute de l'arrestation, mais fourvoyés et attardés dans les ravins neigeux, n'y furent qu'une heure après moi; ce qu'il y avait de papiers dangereux était déjà anéanti. Madame de Couaën reçut ce monde avec une sorte de tranquillité, et me laissa tout faire; ils se saisirent de quelques lettres insignifiantes que j'avais oubliées à dessein. Le matin suivant, nous étions, elle et moi avec les enfans, en route pour Paris. Stricte convenance ou non dans ce rôle de conducteur à mon âge, il n'y avait pas ici à hésiter; j'étais l'ami le plus intime, le seul présent, les autres en fuite et en frayeur. Elle accepta mes offres, non comme des offres, — sans objection, sans remercîmens, absorbée qu'elle était et douloureuse, toute à cette pensée du danger des siens. Ce fut ainsi durant le voyage : elle recevait chaque soin passivement, et comme un enfant docile. J'en étais à la fois touché comme de l'amitié la plus naïve, et blessé peut-être un peu dans cette portion d'égoïsme qui se mêle toujours au dévouement. J'agissais pourtant sans réserve : son inquiétude était bien la mienne. Je me demandais par momens avec effroi ce qu'elle deviendrait si l'on m'arrêtait aussi. Un grand besoin d'arriver nous occupait ; notre éternel entretien, cette fois, dépouillé de charme, se composait de deux ou trois questions qu'elle me répétait sans cesse, et de mes réponses de vague assurance que je variais de mon mieux.

IX.

Nous descendîmes le premier soir au petit couvent. Sauf cette nuit d'arrivée, madame de Couaën voulait aller loger ailleurs, de peur d'être par son séjour une occasion d'inquiétude ; madame de Cursy s'y opposa formellement. Mais il fut convenu entre madame de Couaën et moi, nonobstant toutes raisons de *notre bonne tante,* comme nous l'appelions, qu'avant la fin de la semaine, je me mettrais à deux pas en quelque hôtel du quartier : nous avions pour prétexte mes études le matin au dehors, et mes sorties obligées, du soir. Dès en arrivant, deux lettres furent écrites par madame de Couaën, l'une au général Clarke, son compatriote, que sa famille avait fort connue ; l'autre à un ancien ami particulier de lord Fitz-Gérald, un personnage influent et assez considérable du nouveau régime ; M. de Couaën, dans ses premiers voyages à Paris, au retour d'Irlande, avait eu quelque commencement de liaison avec lui. Je portai moi-même ces lettres le lendemain. Le général Clarke était absent en mission : on l'attendait dans la quinzaine. Quant à l'ami de Fitz-Gérald, il me reçut bien, se fit expliquer toute l'affaire, et la prit à cœur ; il me donna quelques points utiles de conduite, et, de son côté, promit d'agir sans délai. Selon son conseil, et avec un billet de lui, je courus aux bureaux de la police, auprès de M. D...., qui pouvait mieux que personne m'éclairer sur la nature et la gravité des charges. C'était un homme poli et ferme, et dont la sévérité d'accueil ne me déplut pas. Je fus bien étonné, lorsqu'ayant lu mon nom dans le billet que je lui remis, il parut déjà me connaître. Il était en effet au courant de beaucoup de détails sur notre compte, et me déclara avoir de fortes préventions morales contre nous. Je me sentis pourtant soulagé quand il m'eut dit que la tournure essentielle de l'affaire dépendait surtout de ce que fournirait l'examen des papiers ; que de nouvelles recherches à notre château avaient été ordonnées et déjà faites à l'heure où il me parlait, et que s'il n'en résultait rien de plus accablant que dans la première visite, il croyait pouvoir augurer et même garantir un élargissement prochain, au moins partiel et rassurant D'après quelques mots ironiquement paternels, à moi adressés, sur mon talent de dépister les gens, talent du reste auquel il ne fallait pas me fier outremesure, je crus à la fin comprendre que, dans les derniers jours de notre précédent voyage, nous avions été suivis un soir, M. de Couaën et moi, par quelque espion; qu'au moment de notre séparation avant Clichy, l'honnête espion s'était attaché à moi de préférence, et que ma singulière course à travers Paris, dont il n'avait pu suivre que le début, lui avait fait l'effet du plus savant des stratagèmes. J'éclatai tout seul dans la rue d'un fou rire, quand cette idée me vint, oubliant trop ce qui aurait dû s'y mêler pour moi d'inséparable confusion; et comme mon esprit va naturellement à moraliser sur toute chose, je pensai qu'il y a sans doute dans l'histoire force interprétations vraisemblables et autorisées qui ne sont guère moins bouffonnes que ne l'était celle-là.

Mes paroles confiantes rendirent du calme à madame de Couaën; elle vit l'ami de Fitz-Gérald; je la conduisis elle-même chez M. D.... Le marquis cessa bientôt d'être au secret, et nous pûmes l'aller embrasser chaque jour, en voisins, à la prison de Sainte-Pélagie, où il avait été transféré sur notre demande. La première fois que nous le trouvâmes, il me frappa plus que jamais par la froideur et l'étendue de son affliction comprimée, par les grands traits creusés de son visage, par son majestueux front encore élargi sous des cheveux plus rares, par l'outrage envahissant de ses tempes qu'habitait depuis tant de nuits la douleur : car c'est là, toujours là, au point de défaut des tempes et des paupières, comme à une vitre transparente, que mon œil va lire d'abord l'état vrai d'un ami. Il s'était fait évidemment dans cette âme virile une dernière, une complète ruine d'ambition et d'espérance, un ensevelissement, en idée, de cette gloire qu'il n'avait jamais eue. Ce noble cœur d'un Charles-Quint sans empire avait pris au dedans le cilice, mais un cilice sans religion. Pour moi qui m'attachais, comme Caleb, à ses pensées, son deuil muet me sembla d'un caractère durable, indélébile, égal à celui de tout conquérant dépossédé : quelque abîme s'était ouvert en lui dans cette convulsion sourde, un abîme qu'on voile aux yeux, mais que rien ne comble plus. Le marquis d'ailleurs fut simple avec nous, il fut tendre. « Eh bien, vous me voyez » guéri, me dit-il en me tenant long-temps la » main, — héroïquement guéri. Vous, Lucy, » et ces deux pauvres enfans, et vous, cher « Amaury, vous êtes mon horizon, ma vie dé- » sormais : à d'autres l'arène ! » Comme nous n'étions jamais exactement seuls, cette fois ni les suivantes, la conversation ne put s'engager à fond. Je lui portais des livres ; madame de Couaën passait une heure environ à broder devant lui. Nous causions de sujets indifférens, dans la satisfaction d'en parler ensemble, et, pour le reste, nous prenions patience. M. D.... nous avait presque promis une maison de santé avec le printemps.

Madame de Couaën retrouvait par momens une sécurité nonchalante qui lui rendait la distraction et la rêverie, bien que l'altération de sa santé ne disparût pas avec l'inquiétude. Plus je la voyais, plus elle me devenait une énigme de sensibilité et de profondeur, âme si troublée, puis tout d'un coup si dormante, si noyée en elle ou si tendue sur deux ou trois êtres d'alentour, tantôt ne sortant pas d'une particulière angoisse, tantôt ravie en des espèces d'apathies mystérieuses et l'œil dans le bleu des nues : avec cela, nul goût d'aller ni de voir, aucun souci du monde, des spectacles du dehors, ni des liaisons ; elle n'en avait aucune, sinon une jeune dame qu'elle connaissait pour l'avoir rencontrée chez l'ami de Fitz-Gérald, dont le mari, secrétaire du Grand-Juge Regnier, s'employait activement à nous. Cette jeune femme, d'un caractère intéressant et triste, s'était éprise de madame de Couaën, et deux ou trois fois, sur ses instances, nous allâmes chez elle.

J'avais coutume de me figurer, vers ce temps, mon idée sur les deux âmes que je contemplais à loisir chaque jour, sur ces âmes de madame de Couaën et du marquis, par une grande image allégorique que je veux vous dire. C'était un paysage calme et grave, vert et désert, auquel on arrivait par des gorges nues, déchirées, au-delà des montagnes, après des ravins et des tourbières. Au sein de ce paysage, un lac de belle étendue, mais non immense, un de ces purs lacs d'Irlande, s'étendait sous un haut et immuable rocher qui le dominait, et qui lui cachait tout un côté du ciel et du soleil, tout l'Orient. Le lac était uni, gracieux, sans fond, sans écume, sans autre rocher que le gigantesque et l'unique, qui, en même temps qu'il le commandait de son front, semblait l'enserrer de ses bras et l'avoir engendré de ses flancs. Deux jeunes ruisseaux, sources murmurantes et vives, nées des fentes du rocher, traversaient distinctement le beau lac qui les retardait et les modérait doucement dans leur cours, et hors de là ils débordaient en fontaines. Moi, j'aimais naviguer sur le lac, côtoyer le rocher immobile, le mesurer durant des heures, me couvrir de l'épaisseur de son ombre, étudier ses profils bizarres et sévères, me demander ce qu'avait été le géant, et ce qu'il aurait pu être, s'il n'avait été pétrifié. J'aimais m'avancer, ramer au large, lentement dans le lac sans zéphyr, reconnaître et suivre sous sa masse dormante le mince courant des deux jolis ruisseaux, jusqu'à l'endroit où ils allaient s'élancer au dehors et s'échapper sur les gazons. Mais, tandis que je naviguais ainsi, que de merveilles sous mes yeux, autour de moi, qne de mystères ! Par momens, sans qu'il y eût un souffle au ciel, toutes les vagues du lac limpide, ridées, tendues sur un point, s'agitaient avec une émotion incompréhensible que rien dans la nature environnante ni dans l'air du ciel n'expliquait ; ce n'était jamais un courroux, c'était un frémissement intérieur et une plainte. Les deux jolis ruisseaux s'arrêtaient alors, et rebroussaient de cours ; le lac les retirait à lui comme avec un effroi de tendre mère. Et puis, ces mêmes vagues, retombées subitement et calmées, redevenaient un paresseux miroir ouvert aux étoiles, à la lune et à la splendeur des nuits. D'autres fois un brouillard non moins inexplicable que le frémissement de tout-à-l'heure couvrait le milieu du lac par un ciel serein, ou bien on aurait dit, spectacle étrange ! que ce milieu réfléchissait plus d'étoiles et de clartés que ne lui en offrait le dais céleste. Et aussi les bords les plus rians vers les endroits opposés au rocher, les saules et les accidens touffus des rives, cessaient à certains momens de se mirer en cette eau, qui était frappée comme de magique oubli ; l'oiseau qui passait à la surface en l'effleurant presque de l'aile, n'y jetait point son image; et moi, il me semblait souvent, avec un découragement mortel et une sorte d'abandon superstitieux, que je glissais sur une onde qui ne s'en apercevait pas, qui ne me réfléchissait pas!

Mais pour rentrer, mon ami, dans le réel des choses, voici comment nous vivions. Je m'étais logé tout à côté du petit couvent; j'y allais régulièrement vers midi, c'est-à-dire à l'issue du dîner matinal qu'on y faisait. Pluie, neige ou bise, la plupart du temps à pied, nous nous rendions ensemble, madame de Couaën et moi, à la prison; les enfans nous accompagnaient les jours de soleil. Nous étions de retour à trois heures, et après quelque conversation encore, je la quittais d'ordinaire, ne devant plus reparaître qu'à sept heures, vers la fin du souper, à moins que je ne soupasse moi-même au couvent, ce qui m'arrivait bien deux fois la semaine. Madame de Cursy et quelques-unes des religieuses nous faisaient compagnie pendant la première partie du soir. Mais, elles retirées et les enfans endormis, nous demeurions très-tard, très-avant même dans la nuit, près de la cendre éteinte, en mille sortes de raisonnemens, de ressouvenirs, de conjectures indéfinies sur le sort, la bizarrerie des rencontres, des situations, la mobilité du drame humain ; nous étonnant des moindres détails, nous en demandant le pourquoi, tirant de chaque chose l'esprit, ramenant tout à deux ou trois idées d'invariable, d'invisible, et de triomphe par l'âme ; jamais ennuyés dans cet écho mutuel de nos conclusions, toujours naturels dans nos subtilités. Il fallait clore pourtant, et par un bonsoir amical et léger comme si je n'avais fait que passer dans le cabinet voisin, je suspendais l'entretien non achevé, de même qu'on pose avant la fin d'une page le livre entr'ouvert. En deux bonds j'avais glissé au bas de l'escalier, franchi la cour, et je sortais, refermant tout derrière moi avec une clé qui m'était confiée à cet usage, afin de n'assujettir personne. Le bruit de cette porte que je fermais et de ma clé dans la serrure, le retentissement de chacun de mes pas au dehors, le long de ces murs solitaires, se réveillent et vibrent, hélas! en ce moment au dedans de moi, comme ferait une montre familière sous le chevet. Dans ce court intervalle du petit couvent à mon logis, quelquefois une heure du matin sonnait aux horloges du Val-de Grâce et de Saint-Jacques, heure pénétrante et brève, plus solennelle encore à entendre et plus nocturne que celle de minuit. Que de sensations rassemblées, quelle plénitude en moi durant ce trajet de si peu de minutes, et si souvent pluvieux ou glacé ! Je n'étais pas glorieux, car nul œil vivant ne me voyait ; j'étais calme plutôt, satisfait de la laisser seule et peut-être sur ma pensée, comblé intérieurement de sa parole qui me revenait dans un arrière-goût délicieux, en équilibre avec moi-même, ne concevant pas que cette félicité pût changer, et n'en désirant point au-delà. Oh ! ces momens étaient bien les plus beaux de ma vie d'alors et les meilleurs. Après tout, les cœurs mêmes des amans fortunés n'en comptent guère de plus longs, et ce souvenir du moins ne me donne pas trop à rougir. Le peu que je faisais de bon en sacrifice auprès d'elle m'était payé, je dois le croire, par ces rapides et lucides instans.

Mais cela ne composait pas un état habituel ; ces deux ou trois minutes superflues jetées au bout de mes journées, ne s'y faisaient pas assez sentir pour les modifier en rien : mon cœur aride avait bientôt bu cette rosée. Où en étais-je donc de mes sentimens alors ? en quelle nuance nouvelle ? sous quel reflet de mon nuage grossissant et diffus ? C'est ce qui me devient de plus en plus difficile à suivre, mon ami. Car, en avançant toujours, en perdant les points plus isolés qui me servaient de mesure, je suis peu à peu comme sur l'océan quand on a quitté le rivage. Les jours, les spectacles, les horizons se continuent, se confondent ; quelques tempêtes seules, une ou deux rencontres, aident encore à distinguer cette monotonie de flots et d'erreurs.

Dès nos derniers événemens, et quand les chagrins réels, les inquiétudes positives m'avaient assailli, j'avais un peu laissé de côté ma pensée intime ; le trouble inévitable et l'agitation matérielle avaient prévalu ; rien de vif ne s'était mêlé à la molle région de mon âme. Ç'avait été un obscurcissement sur ce point, et une fermentation active du reste de mon être, une ivresse bruyante des choses inaccoutumées, un grand mouvement de jambes, du sang dans la tête et mille objets dans mes yeux. Mon esprit, à l'improviste en ces embarras, s'en était tiré avec assez de vigueur et d'adresse ;

mon dévouement pour mes amis en peine n'avait pas faibli ; mais ce dévouement, même en ce qui la concernait, avait été souvent peu gracieux de sourire et peu caressant de langage; un dévouement sérieux, sombre, empressé et fatigué. Lorsque après les premières secousses nous reprîmes une vie régulière, et que je rentrai en moi pour me sonder et m'examiner, il se trouva que ma disposition intérieure s'était défaite toute seule ; je n'en étais déjà plus à cette scène merveilleuse de la falaise, à cette sainte promesse, au milieu des larmes, de rester à jamais donné et voué; mon éternelle pensée d'esclave qui veut fuir m'était revenue ; elle m'était revenue insensiblement par la simple prédominance de mon activité en ces derniers temps, par l'atmosphère de ces lieux nouveaux où chaque haleine qu'on respire convie à l'ambition ou aux sens, et aussi par ce que j'avais cru entrevoir chez madame de Couaën de son indifférence et de son invincible ravissement en d'autres pensées plus légitimes. Me sentir ainsi relégué dans son cœur à une place qui n'était ni la première ni la seconde, mais la cinquième peut-être ! il y avait là un calcul intolérable ; pourquoi le faisais-je? Et c'est ce qu'on n'élude pourtant pas, c'est ce qui se pose à chaque minute devant nous en ces espèces d'amitiés. Je me disais donc, en me sondant, qu'il fallait aller jusqu'au bout, servir loyalement et sans idée de récompense; puis, M. de Couaën une fois rendu à la liberté, reprendre la mienne, et me lancer seul sur ma barque à l'aventure. En attendant, je jouissais de mon mieux des heures tardives et des longs entretiens. Quant à elle, elle était bien ce que je vous ai dit; ce lac où je vous l'ai figurée, était son parfait emblème. Elle avait certes une masse de sensibilité profonde, le plus souvent flottante et sommeillante, quelquefois bizarrement soulevée sur un objet, et y faisant alors idée fixe, passion, avec tous les accidens, toutes les distractions et l'aveuglement naïf de la passion et cette belle ignorance du reste de l'univers. Je l'avais déjà vue ainsi au sujet de sa mère, et depuis notre promenade de la veille de Noël au Jardin-des-Plantes, cette exaltation s'était portée sur ses enfans. Les événemens qui avaient succédé justifiaient sans doute beaucoup d'inquiétude; mais, dans sa naissance et dans son développement, cette inquiétude, chez elle, ne restait pas moins singulière, passionnée sans mesure, et comme en dehors des motifs naturels. Après les deux ou trois premiers jours de notre arrivée à Paris, cette espèce de tension violente de son âme, ce soulèvement des lames intérieures, était brusquement tombé, plus brusquement même que cela ne semblait possible en une situation encore si ébranlée. Le bon sens de madame de Couaën, qui ne l'abandonnait jamais, venait remarquablement au secours de ces écarts sensibles. Elle se disait alors avec justesse qu'il valait beaucoup mieux que le marquis eût été arrêté ainsi tôt que tard, et qu'il aurait eu plus de peine à s'en tirer, l'affaire une fois plus engagée. Si, en effet, il n'avait été arrêté qu'un an après, dans l'arrestation générale de Moreau, Pichegru et Georges, je ne sais comment on serait parvenu à sauver sa tête. Madame de Couaën, calmée, arrivait donc à voir dans cette prison une garantie efficace et vraiment heureuse contre des périls plus grands, et bien que cette perspective au-delà des grilles et des barreaux eût parfois pour elle des retours moins gracieux, elle se livrait d'habitude aux doux projets de la vie désormais recueillie et prudente qui suivrait la sortie. Or, en ces momens, je la voyais distraite encore et fixe, mais non plus sur une pensée du dehors ; ses rêveries la replongeaient partout ailleurs; elle était rentrée, comme les nymphes antiques, dans ses royaumes mystérieux, sous les fontaines. Oh ! par les jolis jours de février, que faisait-elle ainsi dans ses chambres, assise contre sa vitre, quand j'arrivais un peu tard, vers une heure? Quel objet suivait-elle si attentive ? Quel fantôme se créait parmi les nuages cette faculté vague et puissante qui, soulevée à deux reprises sur des points tout-à-fait distincts, se retrouvait aujourd'hui comme sans emploi ? Nul témoignage, nulle manifestation de sa part en ces momens. Les enfans, demeurés en bas avec madame de Cursy, après le dîner, ne la troublaient en rien. A quoi pensait-elle? Quel monde infini, invisible, parcourait-elle en esprit? Ce n'était pas le nôtre, ce n'étaient ni ses spectacles variés, ni ses fêtes, ni ses paysages ; la pompe, la couleur et l'or, l'émail même des prairies, ne la touchaient pas. Dans son indifférence des choses, dans le règne souverain de sa fantaisie, il y avait des jours de brume et de pluie où elle se parait dès le matin avec une recherche ingénue ; et des jours de gai soleil où elle s'oubliait jusqu'au moment de sortir, en son premier négligé. J'avais peine d'abord, lorsque j'arrivais, à la fixer vers moi, à rompre ou à diriger de mon côté ce courant silencieux, et quand elle s'échappait en discours, c'était profond, continu, élevé, intarissable. Sa santé demeurait souffrante, et son visage avait des places d'une touchante pâleur; mais elle se plaignait peu et se rendait peu compte. Seulement, les jours de ces grandes pâleurs, je remarquais qu'elle était plus sujette à la dévotion tendre ; elle lisait alors, et priait, et ne se remplissait pas. Moi, en entrant, et la voyant ainsi, je supposais volontiers quelque religieuse du Midi, la Portugaise, par exemple, immobile en sa cellule, regardant les cieux et le Tage, et attendant éternellement celui qui ne reviendra pas. Je me figurais encore la plus sainte des amantes et la plus amante des saintes, Thérèse d'Avila, au moment où son cœur chastement embrasé s'écrie : «Soyons fidèle à Celui qui ne peut nous être infidèle! » et m'apercevant bientôt que les blancs et pâles rayons venaient d'un soleil de février, qu'au lieu d'orangers et de Tage, nous n'avions en bas que le petit jardin au nord, tout dépouillé par l'hiver, et que celle dont je me faisais ce rêve était une épouse et une mère, je souriais de moi. Et si je la saluais alors, soit que j'entrasse ou que je sortisse, et que ce fût un bonjour ou un adieu, le *bonjour* ou *l'adieu, monsieur*, qui lui échappait d'une voix machinale, me glaçait comme ayant osé prétendre à un trop étroit partage; ce mot si étranger et si négligent m'allait au cœur, et je ressentais une soudaine défaillance, comme si la rame me tombait des mains, en voyant que le lac ne me réfléchissait pas. Mais il y avait bien d'autres momens plus précis et plus éclairés, où elle semblait au contraire se souvenir de moi; elle me comptait, elle me nommait expressément dans tous ses projets; elle me faisait rasseoir plus d'une fois avant mon départ, et elle me disait après de longues heures, quand je me levais : « Vous êtes toujours pressé de me quitter. »

Un jour, légèrement indisposé de la veille, et ayant plus tardé ce matin-là que d'ordinaire à l'aller trouver pour notre visite à la prison, comme il faisait beau, elle me vint prendre elle-même. On frappa à ma porte; c'était sa bonne avec son fils, qu'elle envoyait d'en bas savoir si elle pouvait monter. Je courus à mon petit escalier pour la recevoir. Elle entra un moment, fit le tour de cette simple chambre, en loua la propreté, l'air d'étude, la discrète lumière ; elle s'assit une seconde dans mon unique fauteuil ; — et ces lieux furent pour moi consacrés.

Puérilités! minutieuse idolâtrie! soupirs! troublantes images qui me reviennent malgré moi, qui se pressent autour de ma plume quand j'écris, comme la foule des ombres, dans le poète, autour du nocher qui les passe! Fleurs trop légères, trop odorantes, qui pleuvent au dépourvu sur ma tête peu sage, le long de ces sentiers d'autrefois, où je ne comptais trouver entre les cyprès que des avertissemens dans la poussière et quelques tombeaux! Souvenirs qui vont presque contre mon but, mon ami! Où en suis-je avec moi-même, et me les faut-il effacer? Faut-il que je poursuive néanmoins et que j'achève, et qu'un jour vous lisiez cela? Si je les accueille en détail, ces souvenirs trop distincts, si trop souvent il vous semble que j'y ajoute complaisamment comme avec un pinceau, si je leur accorde une place qu'ils méritent peut-être bien autant que certains grands événemens du monde, mais qui devient plus périlleuse par son intimité, est-ce donc que j'en regrette sérieusement l'émotion première? Est-ce que je regrette quelque chose de ces temps de repentir? Ou bien, n'est-ce pas à leur esprit, en les racontant, que je m'attache? N'est-ce pas le souffle de pur amour égaré dans ces riens, qui me les a conservés?

Mais ce qui, vu de loin, forme aux yeux, dans son ensemble, un assez agréable nuage, était dès-lors, quand je vivais au milieu, si clair-semé et si vide, que les prévisions moins flatteuses s'y poursuivaient à loisir. Le marquis, sorti de prison, quitterait aussitôt Paris, et irait s'envelir à Couaën ou ailleurs pour toujours; sa femme, sa famille, un moment isolés et sans guide, rentreraient à jamais en lui: devais-je y rentrer moi-même? devais-je me ranger à sa suite, rival honteux et lâche, et m'enraciner, m'étioler sous son ombre? Je prononçais donc bien bas, en ces quarts d'heure de réflexion, le vœu d'échapper à des liens trop étouffans, d'aborder le monde pour mon compte, et d'y essayer sous le ciel ma jeunesse; de faire en ce Paris comme le mousse indocile qui, arrivé dans quelque port attrayant, s'y cache, et que le vaisseau en partant ne remmène pas. Toute l'activité récente qui s'était développée en moi, je vous l'ai dit, m'aiguillonnait d'autant à cette émancipation, moitié orgueilleuse et moitié sensuelle. Souvent, aux instans de sa plus grande bonté, lorsque je venais de verser des larmes sur ses mains, et que je m'étais appelé bienheureux, je me relevais tout d'un coup, sec, aride ; j'aurais voulu autre chose, non pas autre chose d'elle, mais autre chose qu'elle....; ma liberté, d'abord,... et je ne saurais dire quoi. J'étais las d'un rôle, excédé et sans fraîcheur au seuil de cette félicité que je proclamais des lèvres. Tels, après tout, les cœurs des hommes : plus ils sont tendres et délicats, plus ils sont vite émoussés, dégoûtés et à bout. Qui de vous, amans humains, parmi les plus comblés, et au sein des accablantes faveurs, qui de vous n'a subi l'ennui ? Qui de vous, sous le coup même des mortelles délices, n'a désiré au-delà ou en-deça, n'a imaginé quelque diversion capricieuse, inconstante, et aux pieds de son idole, sur les terrasses embaumées, n'a souhaité peut être quelque grossier échange, quelque vulgaire créature qui passe, ou tout simplement être seul pour son repos ? L'amour humain, aux endroits même où il semble profond comme l'Océan, a des sécheresses subites, inouïes ; c'est la pauvreté de notre nature qui fait cela, cette fille d'Adam relève par accès en nous une tête hideuse, et se montre comme une mère mendiant en pleines noces au fils prodigue qui boit dans l'or et s'oublie. Dans l'amour de Dieu, qui a aussi sa sensualité à craindre et son ivresse, les plus grands saints ont bien éprouvé eux-mêmes leurs sécheresses salutaires.

Ainsi, et par l'effet de ces aridités soudaines propres à notre nature, à la mienne en particulier, et par ma propension croissante à entrevoir un avenir au dehors, et par mon respect réel pour le noble absent, et par ses distractions, à elle, et ses absences fréquentes en lui-même, il arrivait que, dans cette nouvelle vie de familiarité plus grande et sans témoins, j'observais la même mesure que jamais ; le même voile, toujours indécis pour moi, impénétrable pour elle, flottait entre nous deux sans que j'usasse de l'occasion pour l'écarter et l'entr'ouvrir plus souvent.

X.

Mais, comme l'a remarqué dès long-temps le Sage, mieux vaut encore une passion éperdument manifeste qu'un amour caché ; est-ce que l'homme peut couver le feu à demeure dans son sein, sans que ses vêtemens ne prennent flamme ? Je ne pus donc me préserver, mon ami. Si, dès le premier voyage, j'avais déjà reçu bien avant les traits empestés, que devais-je ressentir en ce nouveau et long séjour? Mes matins restaient assez purs, employés au travail, aux lectures diverses, aux nobles instincts naturels, à l'entretien de l'intelligence : il n'est pas rare de bien commencer le jour. Puis elle succédait; j'allais à elle, je l'entourais de moi, je vivais activement de l'air qu'elle respirait, et ma pensée attendrie demeurait pure encore. Mais, en la quittant, désœuvré, excité, durant ces vagues heures traînantes, qui, bien remplies, pouvaient être si calmes et si méditatives, mais qui, trop souvent, pareilles aux lourdes années de la vie qui y répondent, ayant perdu la fraîcheur des choses matinales, succombent par degrés à l'envahissement matériel ; en ces heures qui achèvent le jour, qui précèdent la rentrée au logis et l'abri du soir, que devenir? Je me plongeais d'ordinaire à travers Paris, dans les quartiers du milieu; j'y dînais de préférence, quand je n'étais pas attendu au petit couvent; avant le dîner, et après surtout, je me procurais à l'aise l'émotion de mes courses palpitantes. Pour être sûr de dépister les espions, si j'en avais encore quelqu'un sur ma trace, il y avait trois ou quatre tours auxquels je ne manquais jamais en commençant, et je les faisais si brusques, si savamment rompus, si échappans, si dédaliens, qu'ils auraient détaché, secoué loin de moi la guêpe la plus acharnée, et que, même par un plein soleil, il semblait que c'était tout si mon ombre pouvait me suivre. Cette première malice me mettait en joie bizarre et en ricanement. Un détail inutile à vous préciser, et qui tient à une singularité perdue dans le commencement de ces pages, me faisait retarder encore le jour de ma défaite. L'émotion prolongée que je me donnais au sein du péril, était donc relevée d'une sorte de sécurité précaire et d'un faux reste d'innocence. C'était toujours la même façon ruineuse de pousser à bout au-dedans, de mûrir, de *pourrir* presque en moi la pensée du mal avant l'acte, d'amonceler mille fermens mortels avant de rien produire. Mais, bien des fois, tandis que je côtoyais ainsi, en courant, les bords escarpés, d'autant plus audacieux que je me disais : « Ce n'est pas du moins pour aujourd'hui, » bien des fois mon pied faillit glisser, le vertige troublait ma vue, et j'allais être précipité malgré ma sourde résistance.

Un jour enfin, que toute objection probablement avait disparu, je sortis du logis dans une résolution violente. Ce jour-là, rien de particulier ne m'était arrivé : en la voyant le matin (faut-il, hélas! que je mêle ce saint nom par aucun rapprochement en de tels récits!) le matin, dis-je, elle n'avait été pour moi ni trop distraite ni trop attentive ; elle ne m'avait ni troublé les sens ni froissé l'âme. Je n'avais eu non plus, si je m'en souviens, ni spectacle ulcérant pour mon ambition, ni querelle avec personne, ni accès de colère, aucun de ces petits torts ou désappointemens qui, nous mettant mal avec nous-même, nous rabaissent à l'ivresse, à la satisfaction brutale, comme dédommagement et oubli. Rien donc ne me poussait, ce jour-là, que ma seule démence. Mais je voulais en finir, et je m'étais dit cela en me levant. Une allégresse singulière, toute *sarcastique,* se trahissait dans mes mouvemens, dans mes gestes, et vibrait en métal dans l'accent de ma voix; c'était comme, à travers les pierres arides, le sifflement du serpent qui s'apprête. La conscience du mal certain que j'allais consommer m'animait le front et le regard. De bonne heure avant le dîner, je passai dans l'autre Paris; en marchant, je frappais d'un talon plus sonore le pavé durci des ponts, et je portais plus haut la tête vers ce ciel émaillé des vives parcelles d'une gelée diffuse. Çà et là, à droite et à gauche, je regardais fièrement comme pour m'applaudir. Qui donc regardais-je ainsi, ô mon Dieu? Comment cette joie et ce rayonnement sinistre là où il aurait fallu se voiler? et d'où vient que je bondissais en de tels abords? Je ne tenais plus à la pureté que par le dernier lien matériel, et ce faible lien me pesait, et j'étais fier d'aller le rompre, comme le violent qui marche à une vengeance. C'est que la volupté, qui produit vite l'humiliation, débute aussi par l'orgueil; c'est que l'amour du plaisir n'est pas tout chez elle; c'est que la vanité aussi, l'émulation dans le mal, la révolte contre Dieu, sont là comme une irritation de plus sur le seuil : le petit d'Israël, qui fut docile et pur, veut devenir pareil aux géans. Ainsi, moi qui eusse rougi d'être vu et suivi de personne en particulier, j'étais glorieux à l'avance devant tous ces inconnus et devant moi-même.

Quoiqu'il fût grand jour encore, je me mis sans tarder à parcourir les lieux et les rues accoutumées; je remarquai, mais d'un œil plus sévère, ces écueils qui, à la première vue, m'avaient tous paru gracieux et rians : il n'y en avait presque aucun qui gardât le pouvoir de m'éblouir. Mon cœur, cette fois, battait plus fort, à coups plus serrés et plus durs : je m'arrêtais par momens pour tâcher de l'apaiser. Ne voulant rien fixer avant l'heure du soir, et déjà bien las, je me jetai en un café, où je dînai seul, au fond; j'en sortis repu, échauffé, dans le brouillard piquant et les lumières de la nuit, tout entier de nouveau à ma course et à ma recherche. Aussi ardent, quoique moins difficile, je recommençai en quelques minutes mes tours rapides, exterminans : il me restait assez peu de délicatesse pour le choix, et de scrupules distincts; j'avais seulement cette vague idée que nulle des créatures aperçues n'étant digne par l'âme des transports que j'allais offrir, il fallait du moins que la beauté charnelle triomphât, et que ce fût Vénus elle-même. Je prolongeai donc, outre mesure, et contre mon but, l'exigeante recherche, et bientôt, comme de coutume, je perdis tout sens, toute lucidité; si bien, que de guerre lasse, à la fin (merveilleux bonheur!), je tombai sans choix aucun, sans attrait, absurdement, à une place quelconque, et uniquement parce que je m'étais juré de tomber ce jour-là.

A partir de ce jour funeste, et une fois l'impur ruisseau franchi, un élément formidable fut introduit dans mon être; ma jeunesse, long-temps contenue, déborda; mes sens déchaînés se prodiguèrent. Il y a deux jeunesses dont l'une suit l'autre en nous, mon ami : la première, exubérante, ascendante, se suffisant toujours, ne croyant pas à la fatigue, n'en faisant nul compte, embrassant à la fois les choses contraires, et lançant de front tous ses coursiers. Il y en a une seconde, déjà fatiguée et avertie, qui conserve presque les mêmes dehors, mais à qui une voix crie souvent *holà!* en dedans; qui ne cède guère qu'à regret; se repent vite d'avoir cédé, et ne mène plus d'un train égal l'esprit et le corps tout ensemble. J'entrai alors en plein dans la première. Ma vie double s'organisa désormais : d'une part, une vie inférieure, submergée, engloutie; de l'autre, une vie plus active de tête et de cœur. Les matins, d'ordinaire, l'esprit, l'intelligence en moi prenait revanche avec excitation et avidité d'étude sur l'abaissement de la veille. Les soirs même, au retour, la vie subtile de cœur, à côté de mon amie, se substituait immédiatement au trouble épais de l'heure précédente. Quelquefois, au sortir à peine de cette fange, tandis que je regardais, en m'en revenant sur les places ou le long des quais, les étoiles et la lune sereine, ma pensée aussi s'éclaircissait; sous un charme voluptueux et affaibli, je voyais mieux, je sentais plus la nature, le ciel du soir, la vie qui passe; je me laissais bercer, comme les anciens païens, à cette surface de l'abîme, dans l'écume légère; et j'apportais aux pieds de celle dont toute la rêverie demeurait sacrée, une mélancolie de source coupable.

Ce cœur donc, qui avait palpité si rudement dans le mal, ce cœur humain contradictoire et changeant, dont il faut dire, comme le poète a dit de la poitrine du Centaure, *que les deux natures y sont conjointes,* ce déplorable cœur secouait la honte en un instant, il retournait son rôle et alternait tout d'un coup de la convulsion grossière à l'aspiration platonique. Je tuais, comme à volonté, mon remords, et voilà que j'étais dans l'amour subtil. Facilité abusive ! versatilité mortelle à toute foi en nous et au véritable Amour ! L'âme humaine, sujette à cette fatale habitude, au lieu d'être un foyer persistant et vivant, devient bientôt comme une machine ingénieuse, qui s'électrise contrairement en un rien de temps et au gré des circonstances diverses. Le centre, à force de voyager d'un pôle à l'autre, n'existe plus nulle part; la volonté n'a plus d'appui. Notre personne morale se réduit à n'être qu'un composé délié de courans et de fluides, un amas mobile et tournoyant, une scène commode à mille jeux, espèce de nature, je ne dis pas hypocrite, mais toujours à demi sincère et toujours vaine.

Après le premier étourdissement dissipé et

les premiers feux, il arriva que je gagnai une grande science, la connaissance raffinée du bien et du mal, en cette double voie que je pratiquais, tantôt dans la mêlée des carrefours, et tantôt sur les nuées éthérées. Une analyse mystérieuse, bien chèrement payée, m'enseignait chaque jour quelque particularité de plus sur notre double nature, sur l'abus que je faisais de l'une et de l'autre, sur le secret même de leur union. Science stérile toute seule et impuissante; instrument et portion déjà du châtiment! Je comprends mieux ce qu'est l'homme, ce que je suis, et ce que je laisse derrière, à mesure que je m'aguerris et m'enfonce davantage en ces sentiers qui mènent à la mort.

J'appris d'abord, dans mes courses lascives, à discerner, à poursuivre, à redouter et à désirer le genre de beauté que j'appellerai funeste, celle qui est toujours un piége mortel, jamais un angélique symbole, celle qui ne se peint ni dans l'expression idéale du visage, ni dans le miroir des yeux, ni dans les délicatesses du souris, ni dans le voile nuancé des paupières; le visage humain n'est rien, presque rien, dans cette beauté; l'œil et la voix, qui, en se mariant avec douceur, sont si voisines de l'âme, ne font point partie ici de ce qu'on désire; c'est une beauté réelle, mais accablante et toute de chair, qui semble remonter en droite ligne aux filles des premières races déchues, qui ne se juge point en face et en conversant de vive voix, ainsi qu'il convient à l'homme, mais de loin plutôt, sur le hasard de la nuque et des reins, comme ferait le coup-d'œil du chasseur pour les bêtes sauvages : oh! j'ai compris cette beauté-là.

J'appris aussi combien cette beauté n'est pas la vraie; qu'elle est contraire à l'esprit même; qu'elle tue, qu'elle écrase, mais qu'elle n'attache pas; qu'en portant le plus de ravages dans les sens, elle est celle qui a le moins d'auxiliaires dans l'âme. Car, à travers ces sources malfaisantes, du plus loin que se dénonce une telle beauté, comme on tremble! comme on pâlit! la sueur m'inonde : vais-je m'élancer, ou vais-je défaillir? — Un peu de patience, ô mon Ame! remets-toi et dis à ce corps qui frémit : « Cette beauté mauvaise, à
» qui tu veux te livrer à l'aveugle, et dont tu
» n'as qu'entrevu le front, demain ou tout-à-
» l'heure, une autre, en passant, la rempla-

» cera pour toi et en abolira l'empreinte. Tu
» seras dégoûté de la précédente sans même en
» avoir joui! et ainsi de l'autre, et ainsi de
» celle qui suivra. Pourquoi donc me tant
» troubler? Sachons attendre seulement, et ré-
» sister au premier regard. »

J'appris de la sorte que c'est par les yeux que pénètre la blessure, et les préceptes rigides m'apparurent sensiblement dans leur exacte vérité : tempérez vos yeux, munissez-les comme d'un cuir, ainsi qu'on fait aux mulets de peur qu'ils ne bronchent! Les yeux sont les fenêtres de l'âme, par où entrent et sortent les traits! Je me rappelai bien des fois, dans mon propre exemple, cette rechute d'Alipe aux jeux du Cirque, lorsqu'entendant un grand cri, et malgré sa résolution de ne pas voir, il ouvrit pourtant les yeux, et qu'en ce clin d'œil involontaire toute la cruauté rentra dans son cœur. Ainsi rentrait souvent au mien, malgré mes efforts, la volupté cruelle et qui boit le sang. Oh! que le prophète m'exprimait d'un mot cette dispersion lamentable, cette déroute, sur tous les points, d'une âme en proie aux yeux : *Oculus meus deprædatus est animam meam in cunctis filiabus urbis meæ.*

J'appris en ce temps, mon ami, que l'Amour vrai n'est pas du tout dans les sens : car, si l'on aime vraiment une femme pure et qu'on en désire, à la rencontre, une impure, on croit soudain aimer celle-ci ; elle obscurcit l'autre ; on va, on suit, on s'y épuise ; mais, à l'instant, ce qu'inspirait cette femme impure a disparu comme une fumée, et, dans l'extinction des sens, l'image de la première recommence à se montrer plus enviable, plus belle, et luisant en nous sur notre honte.

Au plus fort de ces momens, où je semblais céder à une fatalité invincible, j'appris que l'homme est libre, et dans quel sens il l'est véritablement : car la liberté de l'homme, je l'éprouvais intimement alors, consiste surtout dans le pouvoir qu'il a de se mettre ou de ne se mettre pas sous la prise des objets et à portée de leur tourbillon, suivant qu'il y est trop ou trop peu sensible. Vous vous trouvez tiède et froid pour la charité, courez aux lieux où sont les pauvres ! Vous vous savez vulnérable et fragile, évitez tout coin périlleux !

J'appris que la volupté est la transition, l'initiation, dans les caractères sincères et tendres, à des vices et à d'autres passions basses, que de prime abord ils n'auraient jamais soupçonnées. Elle m'a fait concevoir l'ivrognerie, la gourmandise : car, le soir de certains jours, harassé et non assouvi, moi sobre d'ordinaire, j'entrais en des cafés et demandais quelque liqueur forte que je buvais avec flamme.

J'appris que pour l'homme chaque matin est une réparation, et chaque jour une ruine continuelle ; mais la réparation devient de moins en moins suffisante, et la ruine va croissant.

J'entendis profondément et je rompis jusqu'à la moelle ce mot des textes sacrés : *Ne dederis mulieribus substantiam tuam ;* ne jetez pas à toutes les sauterelles du désert vos fruits et vos fleurs, votre vertu et votre génie, votre foi, votre volonté, le plus cher de votre substance !

Et cet autre mot d'un ancien, que j'avais lu d'abord sans y prendre garde, me revenait vivement : *J'ai tué en moi la bête féroce.* Oui, la bête féroce est en nous ; elle triomphe durant cette première et méchante jeunesse ; elle dévore à chacun les entrailles, comme le renard sauvage rongeait sous la robe l'enfant Lacédémonien.

J'appris que, si la volupté et les excès qu'elle

entraîne produisent d'ordinaire l'humiliation, son absence appelle aisément l'orgueil. Rapport inverse en effet, singulier équilibre de ces deux vices capitaux en nous, du vice extérieur, actif, ambitieux, glorieux et bruyant; et du vice mou, caché, oisif et furtif, savoureux et mystérieux. Avez-vous jamais remarqué ce jeu double, mon ami ? Quand la volupté diminue en moi et que je viens à bout de la repousser, l'orgueil, la satisfaction joyeuse et fière monte d'autant; mais sitôt que l'autre reprend le dessus, il y a prostration graduelle, abandon et mépris de moi-même. Chez tout homme l'un des deux vices a chance de dominer, mais non pas à l'exclusion entière de l'autre, quoiqu'il y ait certains cas extrêmes et monstrueux où un seul des deux emplit l'âme. Ce sont comme deux pôles aux dernières limites de la terre habitable; la majorité des hommes flotte dans l'intervalle et incline plus ou moins ici ou là. L'âme qui se fixerait à demeure dans l'une ou dans l'autre extrémité, serait atteinte de mort morale et deviendrait sur ce point comme stupide. Le pôle de l'orgueil est le plus habité de nos jours, j'ai connu plusieurs Nabuchodonosors. On a même essayé de ramener la volupté à l'autre passion envahissante, et de les grouper ensemble dans un chimérique hymen. Don Juan, idole menteuse, appartient à un siècle où il y a bien plus d'orgueil que d'amour du plaisir. Mais en laissant là toute vanterie et tout faste, en s'en tenant à ce qu'on a senti, il est constant que ces deux vices se lient d'ordinaire par un mouvement inverse et alternatif. Au moment de l'extrême volupté et de l'abaissement où elle nous plonge, l'orgueil est bien loin, son écueil altier a disparu ; alors on s'écrie : « Oh ! si je n'étais pas voluptueux ! » croyant n'avoir que ce vice à combattre. Mais si vous combattez un peu, si vous avez l'air de vaincre, voilà que la satisfaction s'introduit, l'enflure du cœur commence ; la fierté jalouse, le désir de louange et d'éclat parmi les hommes vous chatouille et devient l'ennemi pressant. Ne vous applaudissez pourtant pas alors ; ne dites point : « Oh ! je n'ai plus que ce vice-là ! » Car, que vienne à passer une femme dont vous n'aperceviez par derrière que la brune chevelure relevée, voilà vos désirs qui renaissent et qui courent devant. Il nous faut toujours combattre.

S'il est vrai que l'orgueil soit le plus souvent

l'antagoniste de la volupté, l'amour-propre est encore plus l'ennemi de l'amour. J'appris cependant que, lorsqu'on n'est pas de force à prendre pour auxiliaire suprême l'Amour divin pur et à s'y appuyer, lorsqu'on ne considère pas assez le corps comme le temple de l'Esprit-Saint et ses membres comme les membres de Christ, il doit être bon de ne pas purger son amour humain de tout respect humain et de tout amour-propre. Car, si l'amour pour l'amante est trop humble, trop contrit, trop sacrifié, il peut, faute de l'Amour divin, laisser les sens abandonnés à eux-mêmes de leur côté, et par-là il permet et il reçoit d'irréparables souillures.

J'appris enfin (et c'est là, ô mon ami, en cette science ténébreuse où je me plais trop à revenir, c'est le seul endroit qui m'ait été immédiatement fructueux), j'appris à peser, à corriger ce qu'a dit de la femme l'antique Salomon dans sa satiété de roi; à chérir ce qu'a dit de clément le *Philosophe inconnu*, ce Salomon moderne, invisible et plus doux; à comprendre, à pratiquer, l'avouerai-je? ce qu'a fait le Christ envers la Samaritaine; à ne pas maudire! Salomon, qui avait trouvé la femme *plus*

amère que la mort, s'écrie : « qu'il y a un homme sur mille, mais qu'il n'y a pas une femme entre toutes ! » Le philosophe profond, qui vécut voilé, a écrit aussi, en un moment de saint effroi, *qu'il n'y a pas de femmes,* tant la matière de la femme paraissait à ses yeux plus dégénérée et plus redoutable encore que celle de l'homme. Mais, se souvenant bientôt que le Christ est venu et que Marie a engendré, il ajoute ces consolantes paroles : « Si Dieu pou-
» vait avoir une mesure dans son amour, il de-
» vrait aimer la femme plus que l'homme.
» Quant à nous, nous ne pouvons nous dispen-
» ser de la chérir et de l'estimer plus que
» nous-même : car la femme la plus corrompue
» est plus facile à ramener qu'un homme qui
» n'aurait fait même qu'un pas dans le mal. »
Aussi, je ne vous ai jamais maudites, ô créatures sur lesquelles on marche et qu'on ne nomme pas ; ni vous, superbes et forcénées, qui enlevez audacieusement celui qui passe ; ni vous, discrètes et perfides, qui le long des ombrages, semblez dire en fuyant : « Les eaux
» furtives sont les plus douces, et le pain qu'on
» dérobe est le plus savoureux ! » Je ne vous ai pas retranchées de l'humanité, vous toutes

qui êtes un peuple effréné, immense ! Je vous ai trouvées souvent meilleures que moi, dans le mal que vous me faisiez. Mes misères intérieures, mes versatilités infinies m'ont aidé à expliquer les vôtres. Rieuses, ulcérées ou repenties, je vous ai plaintes, je me suis reconnu et j'ai gémi pour moi en vous. Comme les abîmes de vos cœurs, comme les opprobres de vos sens étaient les miens ! ô femmes à qui l'on ne jette même plus la pierre, ô Cananéennes !

Mais que cette pitié pour les créatures ne soit pas, je vous prie, de l'indulgence pour l'œuvre ! La manière de juger du siècle, en ce point comme sur tant d'autres, tient à une sorte d'indifférence qui en use d'ailleurs selon son plaisir, à un mépris tolérant qui se satisfait et ferme les yeux. Les matérialistes (et de nos jours la plupart des hommes le sont, du moins en pratique) envisagent le fait de volupté comme indépendant presque du reste de la conduite, comme agissant simplement dans l'ordre animal par fatigue ou excitation : les plus physiologistes vous parleront même d'une réaction réputée avantageuse au cerveau. Les pères, frères aînés et tuteurs, dans les conseils qu'ils donnent à ce propos, en font, communément, une affaire d'hygiène, d'économie, de régularité. Il y a dans tout ceci un oubli profond du côté le plus essentiel et le plus délicat. Le chef de l'Empire, qui, pendant l'intervalle des camps, n'était pas fâché que notre Capoue absorbât les idées superflues de ses guerriers, entrevoyait mieux la vérité haute. Ce n'est, en effet, dans aucun des actes extérieurs et superficiels que se trahit cet inconvénient d'un désordre de sens assez ménagé. Militaires, commis ou courtiers, n'en seront pas moins très-suffisans à la bataille prochaine, à la promenade du boulevart, à leur conversation encravatée, à leur tracas financier et bureaucratique. Mais si nous entrons dans la sphère vive et spirituelle, dans celle des idées, là tout contre-coup est un désastre, toute déperdition une décadence. De ce point de vue, lequel n'a rien d'imaginaire, je vous jure, qui dira combien dans une grande ville, à de certaines heures du soir et de la nuit, il se tarit périodiquement de trésors de génie, de belles et bienfaisantes œuvres, de larmes d'attendrissement, de velléités fécondes, détournées ainsi avant de naître, tuées en essence, jetées au vent dans une prodigalité insensée. Tel, qui était né capable d'un monument grandiose, coupera, chaque soir, à plaisir, sa pensée, et ne lancera au monde que des fragmens. Tel, en qui une création sublime de l'esprit allait éclore sous une continence sévère, manquera l'heure, le passage de l'astre, le moment enflammé qui ne se rencontrera plus. Tel, disposé par la nature à la bonté, à l'aumône, et à une charmante tendresse, deviendra lâche, inerte, ou même dur. Ce caractère, qui était près de la consistance, restera dissipé et volage. Cette imagination, qui demain aurait brillé d'un mol éclat velouté, ne le revêtira pas. Un cœur qui aurait aimé tard et beaucoup, gaspillera en chemin sa faculté de sentir. L'homme qui fût resté probe et incorruptible, s'il se disperse, à vingt-cinq ans, aux délices, apprendra à fléchir à quarante et s'accommodera aux puissans. Et tant de suites proviendront de cette seule infraction, même modérément répétée! En de telles limites, l'hygiène n'a rien à dire; qui sait? l'homme positif peut-être en vaut mieux. Mais ce qu'il y a de plus subtil et de plus vivant dans la matière, ainsi jeté, tué à mauvaise fin, et n'étant plus là en nous comme la riche étincelle divine, pour courir, pour remonter en tous sens et se transformer, cette *âme du sang* dont il est parlé dans l'Écriture, en son allant, altère l'homme et l'appauvrit dans sa virtualité secrète, le frappe dans ses sources supérieures et reculées. Voies insondables de la justice! solidarité de tout notre être! mystère, qui est celui de la mort et de la vie!

Ne vous effrayez pas, mon ami ; ne rougissez pas ! Je ne vous en dirai jamais plus long qu'à cette heure ; je ne détaillerai jamais plus ma pensée. Vous savez l'endroit de la chute, vous en mesurez de l'œil l'étendue ; je n'apporterai pas le limon à poignées. Je n'ignore pas que le repentir lui-même ne doit repasser dans de tels souvenirs qu'avec circonspection et tremblement, en se bouchant maintes fois les yeux et les oreilles. Bossuet a signalé ce vice, favori du genre humain, auquel on ne pense point sans péril, même pour le blâmer. La chaire chrétienne ne le désigne que de loin et obscurément. Saint Paul désire que, sous aucun de ses mille noms, il n'en soit fait mention entre fidèles. Ce cas de réserve sainte n'est point, par malheur, le nôtre ; des soins plus appropriés nous conviennent. C'est donc moi, malade un peu guéri, qui parle uniquement à vous, malade qui vous désespérez. Ces pages ne sont qu'une confession de moi à Dieu, et de moi à vous.

Oh! du moins, dans mon vaste égarement, je n'eus jamais d'attache expresse et distincte; entre tant de fantômes entassés, aucun en particulier ne me revient. Le seul nom que je profère est toujours béni. Images de ces temps, redoublez encore de confusion! Ténèbres des anciens soirs, ressaisissez vos objets épars, faites-les tous rentrer, s'il se peut, en un même nuage!

Elle, Elle seule demeurait pour moi l'être incomparable, le but rayonnant et inaccessible, le bien idéal et excellent. Ma vie se reprenait d'autant plus nécessairement à la sienne par certains côtés de tendresse et d'adoration, que je sentais d'autre part le flot rongeur m'en séparer davantage. Le mécontentement que j'avais désormais de moi, produisait plus souvent entre nous des inégalités, des secousses passagères; et, au point où nous en étions, chaque secousse resserrait le lien. Peut-être aussi, j'abordais plus hardiment l'intimité avec elle, assuré du préservatif ruineux. Au moindre ennui, à la moindre émotion trop vive, par dégoût ou par ardeur, j'allais, j'errais, j'usais ma disposition du moment, et je rentrais plus calme et me croyant insensible à ses pieds.

XI.

Nous atteignîmes le printemps. M. D.... nous tint parole, et le marquis put être transféré à une maison de santé près de Passy. Madame de Couaën décida de se loger immédiatement à Auteuil, pour être à portée de faire sa visite chaque jour. Ce qui la fixa vers ce lieu, outre l'agrément du bois et le bon air qu'y respireraient les enfans, ce fut que la jeune femme obligeante dont j'ai parlé, épouse du secrétaire intime, madame R., y passait les étés, d'ordinaire, qu'elle devait y aller avant peu de semaines, et que son instant désir d'avoir madame de Couaën pour voisine prévenait chez celle-ci toute hésitation. Je continuai d'habiter mon logis près du petit couvent, mais j'allais chaque après-midi à Auteuil; quand il était un peu tard, je me rendais directement à la maison de santé, où je trouvais madame de

Couaën déjà arrivée et établie ; nous y dînions en famille, je la reconduisais à la brune et m'en revenais ensuite coucher à mon faubourg : je servais ainsi de lien, de messager continuel entre madame de Cursy et sa nièce.

Mes heures du matin, vous ai-je dit, étaient très-employées à la lecture, à l'étude, à me mettre au fait des sources nombreuses de science qu'offrait alors Paris : cet âge actif de la jeunesse embrasse tout, suffit à tout. Je fréquentais plusieurs fois par *décade,* au Jardin des plantes, le cours d'histoire naturelle de M. de Lamarck ; cet enseignement, dont je ne me dissimulais d'ailleurs ni les paradoxes hypothétiques, ni la contradiction avec d'autres systèmes plus positifs et plus avancés, avait pour moi un attrait puissant par les graves questions primordiales qu'il soulevait toujours, par le ton passionné et presque douloureux qui s'y mêlait à la science. M. de Lamarck était dès-lors comme le dernier représentant de cette grande école de physiciens et observateurs généraux, qui avait régné depuis Thalès et Démocrite jusqu'à Buffon ; il se montrait mortellement opposé aux chimistes, aux expérimentateurs et analystes *en petit,* ainsi qu'il les désignait. Sa haine, son hostilité philosophique contre le déluge, la création génésiaque et tout ce qui rappelait la théorie chrétienne, n'était pas moindre. Sa conception des choses avait beaucoup de simplicité, de nudité, et beaucoup de tristesse. Il construisait le monde avec le moins d'élémens, le moins de crises et le plus de durée possible. Selon lui, les choses se faisaient d'elles-mêmes, toutes seules, par continuité, moyennant des laps de temps suffisans, et sans passage ni transformation instantanée à travers des crises, des cataclysmes ou commotions générales, des centres, nœuds ou organes disposés à dessein pour les aider et les redoubler. Une longue patience aveugle, c'était son Génie de l'Univers. La forme actuelle de la terre, à l'entendre, dépendait uniquement de la dégradation lente des eaux pluviales, des oscillations quotidiennes et du déplacement successif des mers; il n'admettait aucun grand remuement d'entrailles dans cette Cybèle, ni le renouvellement de sa face par quelque astre passager. De même, dans l'ordre organique, une fois admis ce pouvoir mystérieux de la vie aussi petit et aussi élémentaire que possible, il le supposait se développant lui-même, se composant, se confectionnant peu à peu avec le temps; le besoin sourd, la seule habitude dans les milieux divers faisait naître à la longue les organes, contrairement au pouvoir constant de la nature qui les détruisait : car M. de Lamarck séparait la vie d'avec la nature. La nature, à ses yeux, c'était la pierre et la cendre, le granit de la tombe, la mort! La vie n'y intervenait que comme un accident étrange et singulièrement industrieux, une lutte prolongée, avec plus ou moins de succès et d'équilibre çà et là, mais toujours finalement vaincue ; l'immobilité froide était régnante après comme devant. J'aimais ces questions d'origine et de fin, ce cadre d'une nature morne, ces ébauches de la vitalité obscure. Ma raison, suspendue et comme penchée à ces limites, jouissait de sa propre confusion. J'étais loin assurément d'accueillir ces hypothèses par trop simplifiantes, cette série uniforme de continuité qui réfutait, à défaut de ma science, mon sentiment abondant de création et de brusque jeunesse. Mais les hardiesses de l'homme de génie me faisaient penser. Et puis, dans sa résistance opiniâtre aux systèmes de toutes parts surgissans, aux théories nouvelles de la terre, à cette chimie de Lavoisier qui était une destruction, une révolution aussi, il me rappelait involontairement cette semblable obstination imposante de M. de Couaën dans une autre voie; quand il dénonçait avec amertume la prétendue conspiration générale des savans en vogue, contre lui et contre ses travaux, je le voyais vaincu, étouffé, malheureux comme notre ami; il avait eu, du moins, le temps de se faire illustre.

En suivant ce cours de M. de Lamarck, j'eus occasion d'y connaître un jeune homme d'esprit et de mérite qui y venait assidument. Nous causions volontiers ensemble des idées de la leçon, des matières philosophiques en litige. Il était plus âgé que moi; sorti des écoles de l'Oratoire, vers les premières années de la révolution, et très-versé dans les écrits et les personnages récens, il parlait à merveille des opinions de MM. Cabanis et Destutt-Tracy, et de la société d'Auteuil, qu'il me révéla, et dans laquelle il avait été introduit, du vivant même de madame Helvétius. Je l'écoutais avec charme, je l'interrogeais beaucoup, et il alla au-devant d'un désir que je n'eusse osé exprimer, en m'offrant de me présenter à l'un des dîners philosophiques qui avaient lieu encore tous les *tridis,* mais que leur nuance idéologique et républicaine pouvait d'un moment à l'autre faire cesser. Quelques pages sur l'analyse de *l'Imagination,* que je lui avais confiées, et qui avaient plu extrêmement à deux des philosophes, servirent de passe-port à sa demande en ma faveur. Il se hâta heureusement pour moi, et j'eus l'honneur d'assister au dernier, je crois, de ces dîners des *tridis :* c'était chez un restaurateur au coin de la rue du Bac, du côté du pont. Je me sentis saisi de respect et frappé de silence au milieu de ces hommes graves et tous plus ou moins célèbres, moi venu d'un bord si différent. Je ne perdis pas une seule de leurs paroles ; elles étaient simples, d'une logique suivie, nettes et ingénieuses, pleines de précision et de bien dire. Garat seul poussait un peu au brillant. La politique, qui laissait percer des ombres sous l'enjouement des convives, n'éclata qu'à la fin comme un orage. Un mot de quelqu'un contre l'affectation à l'Empire rompit la discussion philosophique qui s'était assez maintenue jusque-là : Cabanis et Chénier eurent de l'éloquence. Des accens tout nouveaux m'apportaient les mots de république, de liberté et de patrie. C'est l'unique fois que je vis ces hommes, dont les traditions ne vous ont pas été étrangères, mon ami, et que plusieurs des survivans vous ont peints beaucoup mieux que je ne les ai pu connaître. Dans mon souci des divines portions de notre nature qu'ils ont négligées, vous ne m'avez jamais entendu porter contre eux d'anathême.

Quand j'arrivais à Auteuil ou à la maison de santé, au sortir de ces études et de ces cours, j'en étais plein, j'en parlais souvent même à madame de Couaën seule ; je lui désignais sur la place la maison de madame Helvétius, devant laquelle nous passions. Elle souriait de ce qu'elle appelait mes engouemens, et me grondait de mes nouveautés de systèmes. Si j'essayais de lui expliquer la formation de la surface terrestre par les eaux pluviales et par le déplacement des mers, elle écoutait avec ingénuité ; s'appliquait d'abord à comprendre, et secouait bientôt la tête d'un air sensé qui voulait dire : « Comment pouvez-vous croire à de tels récits ? »

Quelque indifférente que je me la figurasse d'ordinaire, il y avait des momens où elle portait une attention presque inquiète sur ma façon d'être et de penser, et ces légères craintes de sa part, rencontrant mon mécontentement secret et la conscience de mes misères, troublaient l'espèce de résignation habituelle à mon amour, et agitaient notre incomplète harmonie. C'était à Auteuil, un soir d'avril; dans un petit chemin prolongé dont la terre était rouge et tendre, nous nous promenions solitaires; la saison peu avancée n'avait jeté au front du taillis que ces milliers de feuilles qui pointent et qui ne sont pas poussées encore. Nous avions dans toute la longueur de l'allée, un fond de ciel clair, sans un seul nuage, sans rougeur vive et sans étoiles ; nous n'allions ni du côté du soleil couché, ni du côté de la lune levante. Quelque chose de vague, de fuyant, d'indécis, de clair-obscur et de clair-semé, composait cette vue et ce moment ; une douce vapeur rousse végétale était répandue sur tout cela. Au lieu d'être heureux et de jouir de ces beautés, comme il était simple, en y abandonnant nos cœurs, une petite altercation s'engagea ; madame de Couaën me pressait plus qu'elle n'avait jamais fait sur ces symptômes de mobilité et de goûts divers que le nouveau séjour de Paris développait en moi ; elle m'entrevoyait depuis peu sous un aspect tout autre, disait-elle ; elle ne lisait, à travers mes ardeurs d'esprit et mes acquisitions multipliées, qu'une triste possibilité de changement futur. Si, demain, il nous était donné de repartir, redeviendrais-je aisément l'habitant de Couaën, le pélerin modeste de Saint-Pierre-de-Mer et de la Colline ? — J'avais peine à lui faire entendre que l'avidité de savoir est distincte en nous de la fidélité d'aimer ; qu'il y a dans l'homme une grande inquiétude d'apprendre, qui a besoin d'errer, de se jeter au dehors, pour ne pas dévorer le dedans ; que, dans ce manque de foi fixe où j'étais, et avec un large sens ouvert, toutes les idées m'arrivant d'abord par le côté intelligible et plausible, je devais avoir l'air de les croire, de les épouser éperdument pêle-mêle, tandis que je ne faisais réellement que les connaître jusqu'au bout et les déduire avec activité, sauf à les juger, à les secouer au loin, une fois comprises. Les noms de Lamarck et des précédens philosophes me revenaient assez souvent à la bouche dans cet entretien, et elle se lassait de les entendre. Il faut dire autre chose encore. La veille j'étais arrivé plus tard que de coutume à la maison de santé, ayant fait visite, en venant, à la jeune dame R., que quelque indisposition retenait à Paris. Cette visite, que, dans la circonstance, madame de Couaën avait trouvée inutile, était au fond de ce reproche général qu'elle m'adressait : son insistance tenait plutôt à ce point qu'à tout le reste. Était-elle précisément soupçonneuse? Étais-je en faute? Qu'y avait-il déjà? Il n'y avait rien qui se pût appeler du moindre nom, et pourtant, lorsqu'après avoir insisté et combatu long-temps dans les hauteurs, elle se rabattit tout d'un coup sur ce grief, honteuse et troublée du mot qui lui échappait, le ton dont je m'expliquai là-dessus la blessa par quelque aigreur. Elle me cria *chut* avec souffrance, comme pour arrêter à temps ma parole : « Quel ton inouï vous avez! dit-elle. » Je ne pus m'empêcher de répondre : « C'est aux choses que vous dites *chut*, bien plus qu'au ton! » Nous brisâmes par un silence. Un moment après, je trouvai encore moyen d'être dur à propos des enfans, dont elle me parla : en fait de préceptes d'éducation, j'étais dur volontiers, sévère comme quelqu'un qui connaît déjà la corruption du cœur; elle était indulgente et confiante au bon naturel, comme l'innocence. Nous nous quittâmes mal, ou du moins je la quittai mal ce soir-là.

Demain elle n'y songera plus, me disais-je au retour pour m'étourdir; et j'allais, tantôt peiné de la peine que je lui avais dû faire, tantôt m'irritant à l'idée de sa facilité d'oubli. Le lendemain, de bon matin, contre mon ordinaire, j'étais à Auteuil; en me voyant entrer, les larmes lui vinrent : « J'ai eu tort, dit-elle, » de vous faire ces reproches; mais vous avez » été un peu rude pour la forme. J'ai eu bien » tort pourtant. » Et elle s'accusait elle-même dans son caractère en louant mon amitié; elle s'imputait de troubler les meilleurs momens par ses tristes humeurs. — « Oh! non pas, m'é- » criai-je alors, c'est moi seul qui ai eu tout le » tort, promettez que vous croirez que c'est » moi seul qui l'ai eu. » — Et quand elle eut dit *oui,* nous sortîmes vers le bois, dans la rosée partout brillante, chacun avec une larme aux paupières. Tout en marchant, je lui pressais la main et murmurais à son oreille : « Que vous êtes bonne! » — « Oh! c'est pour vous que je » suis ainsi, répliquait-elle avec un tendre en- » jouement : je ne serais si bonne, savez-vous,

» pour personne autre. » Puis elle retirait sa main, toute larme séchait subitement en ses yeux, et elle rentrait dans sa paix d'innocence et son insouciance apparente. Nous passâmes ensemble cette journée entière; je l'accompagnai à la maison de santé et la ramenai de bonne heure après le dîner : plus d'une fois dans ce jour, la trouvant pâle et altérée de visage, je la regardai fixement ; mais elle souriait avec tranquillité à mon regard et ne se plaignait pas. Le soir, nous nous retrouvâmes dans la même promenade que la veille, unis enfin et charmés, au milieu de toutes sortes de conversations pareilles à cette vue du ciel et du sentier, douces, nuancées, fuyantes, sans étoile vive, sans trop d'éclat ni trop d'ombre, mais délicates aussi, *subobscures,* parsemées d'une sombre teinte indéfinissable, comme cette rousseur printanière des bois sur un fond de sérénité. Oh ! seulement, que ces entretiens perdus, que cette légère allée où je repasse, ne soient pas comptés parmi les autres sentiers qui mènent à l'éternelle ruine ! Qu'il me soit permis plutôt d'y voir, à travers mes pleurs, un de ces petits chemins réservés, tels que les peindrait le Poète chrétien, et le long desquels gravissent, au tomber du jour, les âmes qui arriveront!

Le malheur de ces fugitifs instans, qui semble participer de la félicité invisible, c'est qu'on ne peut humainement s'y tenir. Il faut que l'amante soit morte ou séparée de nous par un perpétuel éloignement, que le cloître ou l'autel s'élève entre elle et nos désirs; il faut que la religion soit là, en un mot, pour éterniser cette chaste nuance, et faire qu'elle ne se dénature pas. A moins d'être de ceux qui pleurent, qui se repentent, qui jeûnent et qui prient, qui passent leurs nuits et leurs jours à sacrifier, à atténuer tout suspect mouvement, on a bientôt franchi la limite qui serait peut-être permise, si elle était exactement observable. A peine eus-je quitté l'entretien ce soir-là, je m'en revenais heureux, paisible, d'abord, sans ivresse, récapitulant en moi-même cette infinité d'impressions tendres, contemplant un pur sable d'or au sein de ma pensée. Mais, m'étant repris aux témoignages plus vifs du matin, suivis de sa part d'un si grand calme et de son habituelle égalité d'humeur, je ne tardai pas de me trouver mécontent; tantôt j'affaiblissais en idée, tantôt j'exagérais ces témoignages d'affectueuse indulgence, je les tourmentais pour y chercher ce qui n'y était pas; ma conclusion fut qu'elle n'y avait point sans doute attaché la valeur équivoque que j'y aurais voulue maintenant, que je n'avais nullement désirée alors. D'irritation en irritation, la nuit plus sombre et le tumulte de la ville s'en mêlant, j'en vins à secouer le préservatif d'une journée si pure, à me garder moins du bourbier au bord duquel je passais, et à y perdre tout délicat souvenir. Dans l'épais sommeil apoplectique qui châtia cette rentrée coupable, aucun rêve cristallin et léger ne me reporta vers la rousse allée prête à verdir et ne me rouvrit l'âme aux pudiques mystères.

Deux ou trois jours après, étant retourné avec elle à cette promenade favorite du bois, nous la retrouvâmes bien changée. Il était tombé dans la nuit une de ces grosses pluies chaudes qui décident le printemps. Les plus larges feuilles en abondance vêtissaient les arbres; la terre suait; de petits nuages pommelés brouillaient les cieux; une sève turgescente découlait à tous les rameaux. Au logis, les feux des cheminées, qui, la veille, brillaient encore, s'éteignaient sans avoir la force de surmonter cette atmosphère pesamment attiédie. L'air charriait de grasses odeurs. Nos corps aussi étaient oppressés, et nos poitrines gonflées d'ennui. « Oh ! ce n'est plus là notre » allée, s'écria-t-elle avec surprise en la voyant » si touffue ; êtes-vous comme moi ; et d'où » vient que je l'aime moins ainsi ? » Et se sentant bientôt lasse, elle demanda de s'en revenir. — La nature extérieure, pas plus que le cœur de l'homme, ne s'arrête long-temps à ces nuances angéliques qui appellent un autre soleil. Cette nature champêtre tant vantée, se fait en certains cas l'auxiliaire et la complice de la nature intérieure corrompue. Bonne inspiratrice d'ordinaire, et nous entretenant volontiers de Dieu, elle a pourtant des jours de mauvais conseil ; elle redevient païenne, soumise encore au vieux Pan et toute peuplée d'Hamadryades. Une solitude trop fleurie et trop touffue, pour un solitaire trop jeune, doit être souvent une dangereuse compagne : Jerôme eut besoin d'abord contre lui-même de l'affreux désert de Chalcide ; il recommande en maint endroit l'âpreté dans le choix des déserts. Le grand peintre chrétien, Raphaël, par un instinctif sentiment d'harmonie et comme de pudeur, n'a jamais semé aux arbres lointains de ses paysages, derrière les têtes de ses vierges, que quelques feuilles si rares qu'on les peut compter.

XII.

Je reçus, dans un paquet arrivé de Couaën, une lettre, déjà ancienne, que mademoiselle de Liniers m'écrivait, au nom de madame de Greneuc, pour demander l'état de mes inquiétudes; ce qu'étaient devenues les dangers de mes amis, et aussi les miens. Ce peu de mots simples, qui avaient dû traverser avec effort un cœur saignant et réprimé, ces caractères purs, où nulle part ne se trahissait une main émue, réveillèrent en moi les mille traces d'un passé presque assoupi : je m'effrayai d'avoir tant changé depuis hier, et tant vécu. Madame de Couaën lut la lettre et fut touchée, à sa manière de ce discret parfum. Quelques lignes reconnaissantes de sa main ajoutèrent à la réponse que je fis.

La jeune dame R. était enfin installée à Auteuil : son mari, très-occupé, n'y venait qu'irrégulièrement et n'y restait qu'un petit nombre d'heures; bien qu'il fût homme aimable, et parfait d'attentions pour elle, on s'apercevait que quelque cause profonde de refroidissement contribuait à fixer entre eux ces relations d'égards plutôt que de tendresse. Sans être entièrement délaissée, elle semblait donc désabusée, triste et un peu veuve. Dans ses visites de chaque jour à madame de Couaën, qu'elle tâchait d'obliger de toutes les manières imaginables, il ne lui arrivait guère d'ouvrir la bouche sur elle-même. Elle paraissait voir notre intimité, sans envie, d'un sourire silencieux et doux. Le plus souvent, lorsque j'arrivais et que j'étais assis, elle nous laissait, sous quelque prétexte, après un instant.

Cette vie régulière nous mena ainsi durant plusieurs mois. On était tout à la fin d'août ou peut-être au commencement de septembre, lorsqu'un jour où madame de Couaën indisposée gardait le logis, j'allai seul à la maison de santé. Le marquis n'était pas dans son appartement; je le découvris, après quelque recherche, à l'extrémité du jardin, au plus épais des bosquets; il s'y promenait avec une autre personne que je n'avais jamais vue, et il me fut évident, par l'attention qu'ils donnèrent à mon approche, que je rompais un entretien confidentiel. Cette personne n'avait rien d'ailleurs que de naturel et d'ouvert ; jeune encore, d'une taille robuste, d'un embonpoint marqué, mais plein d'aisance ; une de ces physionomies qui préviennent par un mélange de distinction et de rondeur ; l'accent agréable, l'œil à fleur de tête, clair et résolu. Mais le marquis, bien que toujours maître de lui dans les choses volontaires, avait en ce moment, pour moi qui le connaissais, le teint du visage et le ton de la voix très-altérés, comme lorsque ses cordes profondes étaient en jeu. Avant que la personne eût parlé de prendre congé, il me pria d'attendre là, au même endroit du jardin, et tous les deux continuèrent de s'entretenir en s'éloignant. Lorsqu'il reparut, après quelques mots insignifians qui ne détournaient pas nos pensées : « Savez-vous qui vient de sortir ? » me dit-il tout d'un coup très-bas et en me » serrant le bras violemment. C'est Georges, le » général Georges qui nous arrive d'Angle-» terre ! » A ce nom, je fus moi-même comme bouleversé : « Vous n'allez pas du moins vous

» rembarquer dans une entreprise ? m'écriai-
» je. » — « Eh! non! faut-il vous le répéter en-
» core ? (et il accompagnait sa réponse d'un
» rire aigu attristant) ne le savez-vous pas as-
» sez ? ma vie, à moi, est faite, je ne ressusci-
» terai pas. Georges est venu pour des indica-
» tions que, seul, je pouvais lui donner, je ne
» le reverrai plus. » La disposition sardonique
du marquis me faisait peine; elle s'adoucit un
peu sitôt qu'il donna cours aux sentimens qui
l'agitaient. Je l'interrogeai d'abord sur Georges; il prit feu à ce sujet et m'instruisit beaucoup.

Georges, je le savais bien déjà, n'était pas
un conspirateur vulgaire ni un de ces braves
désespérés, comme on en peut trouver dans
toutes les causes. Plusieurs détails de sa correspondance avec le marquis m'avaient attesté
chez lui de la grandeur, du plan, et une conception vigoureuse. Mais les deux dernières
années l'avaient surtout mûri; les hommes de
tous rangs, qu'il avait pratiqués et serrés de
près durant son exil, étaient désormais une
vaste échelle pour son jugement. Le besoin de
purger cet attentat de nivôse, dont l'idée, sinon le mode précis, lui appartenait bien, pe-

sait à son cœur et le provoquait à quelque grand dessein. Ce dessein avait germé, il avait pris forme, et le moment de l'œuvre était venu. La guerre entre l'Angleterre et la France éclatant, Georges s'était fait débarquer avec quelques-uns des siens ; d'autres allaient suivre, tous déterminés, tous choisis de sa main et sûrs à ses yeux comme il l'était de lui-même. Le ralliement de ces hommes d'élite serait long, et durerait deux mois et plus peut-être. Qu'importe? la témérité de Georges et de ses officiers s'alliait à tant de prudence, et cette prudence employait d'ailleurs, comme un de ses moyens, la témérité. Pichegru, quand tout serait prêt ici, arriverait à son tour; Moreau et lui conviendraient d'un dernier mot. Que si M. le comte d'Artois osait risquer sa personne dans l'entreprise, ce serait le mieux ; Georges le conseillait, l'exigeait presque, pour ennoblir et *loyaliser* sur l'heure l'exécution. Mais, que le Prince daignât, ou non, répondre au rendez-vous, ce n'était plus, en tout cas, d'un meurtre, d'un assassinat qu'il s'agissait. Le choc, cette fois, ne serait pas aveugle et infernal ; on s'aborderait militairement par l'épée. Georges et ses trois cents, à l'heure dite, dans une rencontre inégale et chevaleresque, assailliraient le premier Consul entouré des siens, sous le soleil de quelque cérémonie, au seuil du Panthéon, au parvis Notre-Dame, à l'esplanade des Invalides. Lui tombé, on dirait à l'armée le nom de Moreau, au peuple celui du Prince. C'était là le triomphe expiatoire, la revanche de Georges : l'aventurier touchait au sublime du héros.

En me déroulant cette magnifique espérance, le marquis en recevait à son front comme un éclair ; il s'animait jusqu'à paraître y croire. Un moment, l'idée me vint (et rien n'a jamais pu m'en dissuader depuis) que, le cas échéant, il avait dit à Georges de l'avertir et lui avait juré d'être une des trois cents épées.

Moi-même, en l'entendant, une noble rougeur me gagna ; de rapides projets me traversèrent. Puis, revenant particulièrement à l'homme, je m'étonnai ; je tâchai de m'expliquer tant de caractère dans le personnage que tout-à-l'heure j'avais vu. Nous reconnûmes en lui une des plus belles natures loyales et valeureuses, toutes les qualités qui vont aux coups d'éclat, aux destinées en dehors. « Mais ce n'est qu'un admirable général et un héros de guerre, » disait le marquis redevenu sombre. Je rentrais dans sa pensée, en lui définissant Georges un de ces hommes tels que César, en passant, les eût désignés du regard pour commander sa dixième légion, tels qu'il ne dût craindre jamais, ce semble, d'en rencontrer, quand il marchait au sénat.

C'est alors que, tirant de son portefeuille un papier soigneusement enfermé, il me dit : « Puisque nous en sommes aux héros, en voici bien un autre encore : lisez cela; Georges, qui l'a vu, en a pleuré d'admiration. »

Le papier que me donnait ainsi à lire le marquis, et dont il ne m'avait jamais dit mot, était une lettre d'un ancien officier de Georges, M. de Limoëlan, l'un des deux qui avaient dirigé le coup forcené de nivôse. Homme de formes aimables, de dévotion austère, il avait tout accepté du moyen en vue de la fin. Mais, échappé comme par miracle, il vit dans la catastrophe avortée une manifeste sentence de Dieu ; le mauvais succès tournait son action en crime, il s'était cru digne de servir d'instrument de sang, et il avait été broyé sur la pierre et rejeté. Dans un profond mépris de lui-même, il résolut donc de ne jamais reparaître aux yeux de son parti, de s'abîmer au monde, de ne vivre ici-bas que comme un criminel sacré, pour faire sa peine. A cette fin, ayant trouvé du service sur quelque bord comme simple matelot, il était parvenu ensuite à gagner une côte étrangère, celle du Portugal, je crois; et un couvent l'y avait reçu. C'est de ce couvent qu'une première lettre, écrite par lui à sa sœur et arrivée à Jersey, avait été portée à Couaën parmi d'autres papiers adressés au marquis. Celui-ci l'avait décachetée, la croyant de sa propre correspondance, et l'enveloppe en ayant été brûlée aussitôt, comme c'était l'usage, il avait fallu attendre pour savoir où l'envoyer. Lors de l'arrestation, l'original de la lettre avait été saisi. M. D...., touché de ce qu'elle contenait, promit de la faire parvenir à la sœur, et M. de Couaën obtint d'en transcrire quelques passages, comme je l'ai plus tard obtenu de lui. Je veux, mon ami, vous en citer un :

« Insensé! écrivait Limoëlan, j'ai été contre
» le dessein suprême que j'osais prétendre ser-
» vir. Cet homme m'est véritablement invio-
» lable, et l'oint du Seigneur. Au moment

» même où je guettais sa venue, à ce coin
» fatal, j'ai prié pour lui, je t'ai prié de le
» sauver contre nous, ô Seigneur, s'il était né-
» cessaire à ton peuple. Je n'aurai jamais assez
» de soupirs et de veilles pour te prier sur lui
» encore... Et pourtant cet homme m'était haïs-
» sable, et je l'avais jugé le plus grand ob-
» stacle à tes desseins. La nuit, dans mes
» songes ou dans les désirs que tu semblais
» m'envoyer par tes anges, cette pensée de
» l'écraser me revenait sans relâche ; je m'é-
» tais condamné à tout pour cela ; je m'étais
» ceint de corde, et j'avais jeûné longuement
» pour mériter d'être le plus vil instrument
» de tes œuvres. J'ai revêtu la blouse, j'ai ra-
» massé les pierres dans la boue, j'ai conduit
» une charrette infâme, comme le valet du
» bourreau. Et puis, l'heure venue, j'ai remis
» l'honneur de la consommation à un autre,
» et j'ai guetté derrière une borne comme un
» espion. — Erreur ! débilité humaine ! voilà
» que j'ai été contre Dieu et contre mes frères
» innocens ! Je passerai ce reste de jours à
» laver de mes pleurs, à user de mon front
» le pavé et à mourir ! —... Toi seule, ô ma
» sœur, qui m'aimes encore et qui t'attendris

» sur moi, tu seras mon dernier lien avec les
» vivans; nul, excepté toi, ne me saura res-
» pirant sous ma pénitence. Car je suis réelle-
» ment mort au monde et perclus dans mes
» membres, ô ma sœur, avec tous ces hommes
» innocens que j'ai frappés de stupeur, de
» surdité et de mort. Pauvres âmes dont je ré-
» ponds et que j'ai lancées à l'improviste de-
» vant Dieu! Souvent, dans ma cellule de
» novice, afin de m'exercer comme au jour
» du crime, je me tiens de longues demi-heu-
» res en la même posture où j'étais au coin de
» cette rue de Malte, le cou tendu en avant,
» le corps plié, penché et sans appui, ne tou-
» chant le mur qu'avec un doigt pour ne pas
» tomber; jusqu'à ce que bientôt je sois devenu
» sourd et aveugle comme ceux que j'ai as-
» sourdis et aveuglés, engourdi comme ceux
» que j'ai paralysés, sans idée ni conscience
» de rien, comme ceux dont j'ai ébranlé l'in-
» telligence. Je me change moi-même en sta-
» tue de sel par châtiment...... Le sommeil m'a
» fui; mais si, vers le matin, il m'arrive de
» succomber quelques minutes, je m'éveille
» toujours en sursaut par une explosion dé-
» chirante. »

« Voilà un saint, me dit le marquis, lorsque j'eus achevé ma lecture; voilà un martyr! Georges, lui, est un héros. Mais moi, Amaury, que suis-je donc? Georges, aventureux, déterminé, portera brillamment, s'il le faut, cette tête ronde et bouclée sous la hache, ou tombera sous la foudre, dans la mêlée, Limoëlan, meurtri, se répare, se guérit à sa manière dans son cilice. Mais, moi, que fais-je? ai-je une route, une issue possible à mon destin? qu'est-ce que j'expie, ou qu'est-ce que je tente? ai-je la Croix, ai-je l'épée? — Savez-vous, Amaury, comment pour nous tout ce pompeux naufrage va finir? Quelque grasse villa de la Touraine ou du Maine me sera assignée pour port avec une métairie et une basse-cour. Clémence du sort! ce serait même trop désormais que mon rocher de Couaën, où je blanchissais à compter les vagues et à aspirer la tempête. » Le marquis disait juste, il devinait l'issue probable; M. D... m'avait déjà fait espérer cela. Quant à cette comparaison par laquelle il s'effaçait à plaisir devant Limoëlan et Georges, j'accordais qu'il différait notablement de l'un et de l'autre : mais, c'est qu'il avait bien autrement de *pensée* que tous deux.

Le seul rôle que réclamait sa nature était entier et complexe; je le classais, génie inoccupé, dans la race des ambitieux politiques les plus nobles et les plus ardens.

Comme je tâchais de lui faire sentir par des exemples le jugement qui m'affectait, de relever son deuil et d'honorer à ses yeux une plaie si rare ; comme je parlais abondamment, ému des précédentes circonstances, et que, lui, se taisait pourtant et ne répondait pas plus que s'il avait cessé de suivre l'entretien, je m'exaltai, tout en marchant, jusqu'à m'écrier : « Sur cette bruyère de Couaën, que vous craignez de ne pas bientôt revoir, en face de cette plage sans port et sans navires, sur ce théâtre d'une religion abolie, j'irai et je m'arrêterai devant quelque pierre informe du temps des Druides ; je la consacrerai en méditant alentour, et je prononcerai dessus ces mots : *Aux grands hommes inconnus !*

» Oh ! oui, continuais-je (ou du moins c'était bien le sens, oui, aux grands hommes qui n'ont pas brillé, aux amans qui n'ont pas aimé ! à cette élite infinie qui ne visitèrent jamais l'occasion, le bonheur ou la gloire ! aux fleurs des bruyères ! aux perles du fond des mers ! à ce que savent d'odeurs inconnues les brises qui passent ! ce que savent de pensées et de pleurs les chevets des hommes !

» Tout ce qu'il y a de grands hommes çà et là étouffés, me semble composer, n'est-ce pas vrai ? un chœur mystérieux, muet dans son nuage, avare de ses soupirs ; c'est un autre Panthéon funèbre, je l'entrevois d'aujourd'hui, un limbe inénarrable qu'habitent ces grandes et méritantes âmes des mortels inconnus. Vous m'y introduirez souvent, ô Vous que je vénère ! Je croirai apprendre en ces catacombes immenses la profondeur et la misère humaine, bien mieux que sous l'étroite voûte de leur Panthéon resplendissant. »

Et dans ce jaillissement d'idées que favorisait son silence, j'ajoutais encore : « Il n'y a point de Panthéon ici-bas, il n'y a de vrai Capitole pour aucun mortel; tout triomphe en ce monde, même pour les fronts rayonnans, n'est jamais, je m'imagine, qu'une défaite plus ou moins déguisée. Mettez à part deux ou trois hommes, une fois trouvés, en chaque genre, deux ou trois existences quasi-fabuleuses qui, dans leur plénitude, sont plutôt pour l'humanité des allégories abrégées et des manières d'exprimer ses rêves : hors de là, dans la réalité, les rêves, les projets, les espérances me font l'effet de ressembler, chez tous, à un gros de troupes fraîches, qui doit passer, dès le matin, un long défilé montueux, entre deux rangs d'archers embusqués, invisibles, inévitables. Si, avant le soir, le chef de la troupe et quelque bataillon écharpé arrivent à la ville prochaine avec une apparence de drapeau, on appelle cela un triomphe. Si, dans nos projets, dans nos ambitions, dans nos amours, quelque partie a moins souffert que le reste, on appelle cela de la gloire ou du bonheur. Mais combien de désirs, de vœux, d'ornemens secrets, et des plus beaux, ont dû rester en chemin, que nul n'a su! Oh! pour qui se rend justice à lui-même, pour qui lit en son cœur après le triomphe comme avant, pour Dieu qui voit le fond et qui compte les morts en nous, il n'est que vrai, j'en suis sûr, de dire : Le triomphe humain n'existe pas! » — A ces derniers mots, le marquis, ébranlé enfin, posa et laissa quelque temps sa main avec bonté sur mon épaule : « Eh quoi! vous aussi, Amaury, vous savez déjà et de si près ces choses! »

Mais les paroles de mes lèvres étaient plus

avancées que l'état de mon âme, et me donnaient pour plus mûr que je ne l'étais devenu. Quand Dieu n'habite pas à toute heure le dedans pour l'affermir, la nature fait payer cher aux jeunes gens ces sagesses précoces de langage. A peine avais-je quitté le marquis, que j'étais atteint de son mal; j'emportais secrètement en moi la disposition ulcérée que je venais de combattre et peut-être de soulager en lui. Cette irritation à mon propre sujet redoublait à chaque pas; tous mes anciens tableaux d'avenir, toutes mes puissances d'illusion se remuèrent. Je voyais en ce moment passer à la fois tout ce que j'avais combiné et caressé dès l'enfance, et le reste qui parlait de se réaliser encore. Sous une infinité de formes, sous mille reflets de soleil et mille drapeaux, les amours, les ambitions, la foule des désirs, les tendresses qui lient les êtres, les pensées qui roulent des mondes, accouraient et s'animaient dans ma vallée, pareilles aux recrues bruyantes d'une armée innombrable. Je les embrassais du regard, comme Xerxès du haut de son promontoire, et je pleurais, mais avec rage, je pleurais de les entendre crier la *bataille* et de ne pouvoir sur aucun point la livrer, de les entendre crier la *faim* et de ne savoir par où les nourrir. Ma réflexion raisonnée, quelque part que je l'appliquasse, venait à l'appui de cette vision peu imaginaire. La France avec l'Angleterre déjà, bientôt avec l'Europe, recommençait ses chocs turbulens ; j'en avais, de ce que j'appelais ma lâcheté inactive, pour tout le temps de ma jeunesse. Les études diverses, les recherches de la vérité pure, les systèmes à l'enchaînement desquels je me livrais, comme on se livre à une veine de jeu pour s'étourdir, ces occupations, si nécessaires à mon esprit, ne me remplissaient pas, et il m'était d'ailleurs évident que, si l'on voulait s'adonner de ce côté avec trop de sérieux et de vigueur, l'Homme, qui était l'éternel obstacle, y saurait mettre ordre. L'amour, pour qui j'étais né, ne me faisait sentir que ses langueurs ou ses pointes sanglantes; le plaisir ne me laissait boire que sa lie. Des deux jeunes femmes que je fréquentais journellement et que je me figurais toujours au loin, m'apparaissant avec grâce du milieu des bois où j'arrivais, celle qui avait mon culte était dans une situation réservée, inaccessible : que ne semblait-elle moins sacrée à mes yeux, osais-je me dire, que n'était-elle aussi bien à la place de l'autre, qui pâlissait et soupirait comme par ennui? — Les amis uniques, dont la destinée commandait la mienne, allaient être relégués demain dans quelque ville étouffante et tracassière. Je ne me comprenais pas vivant loin d'eux et me détachant, je ne concevais pas non plus que je pusse les suivre. De même donc qu'autrefois, pour sortir de mes broussailles perdues, le projet de l'île des Druides et puis de la fuite en Irlande m'avaient saisi, je me rejetai aujourd'hui vers cette idée de Georges; je résolus de le découvrir, de m'offrir à lui, de le contraindre à m'accepter. Je me disais : Si le marquis en est, comment peux-tu n'en pas être? s'il n'en est pas, s'il reste à ceux de son foyer, toi, du moins, sois de l'entreprise, sois-en pour n'avoir pas plus tard à vivre loin d'eux, pour ne pas voir se faner lentement une amitié si belle, pour mourir dans l'éclat, et qu'Elle et lui te pleurent!

Il ne s'agissait plus que de retrouver Georges. Toute question directe au marquis eût donné du soupçon. Mais, conjecturant sur quelques mots que c'était du côté du Panthéon qu'il devait être logé, je fis choix d'un endroit voisin de la place, près duquel il était difficile qu'il n'eût point à passer souvent. En croisant aux environs de ces lieux, pendant des heures suffisantes, je finirais certes par le rencontrer une fois, et j'étais bien sûr de le reconnaître. Quelque simple et fondé que fût mon raisonnement, l'exécution me coûta de longs efforts de patience, et, durant près d'une semaine, j'eus à courir d'insipides bordées dans cette croisière. Toutes mes heures de liberté y allaient : on s'était aperçu déjà chez mes amis et on me faisait reproche de mes visites inquiètes, abrégées; j'épuisais les prétextes. Je vis bientôt qu'à moins d'un jour tout entier employé à cette attente, il y avait pour moi trop peu à en espérer. Ayant donc prévenu mes amis de cette absence d'un jour entier, que je motivai comme je pus, me voilà aiguisant mon regard et ma vigilance. Ce ne fut que le soir de cette lente journée, à la brune, au moment où les travaux cessent et où les ouvriers et les femmes du peuple, en rentrant, produisent un certain mouvement inaccoutumé sur ces places et dans ces rues solitaires, ce fut seulement alors que je distinguai du commun des passans un homme de belle stature et d'une démarche heureuse. A l'instant je me dirigeai du mieux possible pour le voir venir en face; puis je me mis à le suivre quelque temps, confondu avec d'autres qui nous traversaient, je le dépassai sans affectation en le coudoyant presque, je me laissai dépasser à mon tour. Plus de doute; c'était bien le guide que je cherchais, c'était l'héroïque *brigand,* l'adversaire à mort de César. Arrivés à un coin où nous nous trouvâmes à peu près seuls, je m'avançai rapidement vers lui : « Général, lui dis-je en le saluant... » Il tressaillit, et son geste fut comme de porter la main à quelque arme cachée. Le nom de M. de Couaën, que je jetai à la hâte, et la circonstance rappelée de notre précédente rencontre, réparèrent en un clin-d'œil la brusquerie. Le marquis d'ailleurs avait parlé de moi au général en le reconduisant. Je m'ouvris sans détour, sans trop d'embarras; je lui racontai comment je devais à la confiance du marquis de m'être enflammé pour le futur tournois. Aux représentations amicales qu'il me fit sur la gravité du risque et le peu de nécessité de m'y lancer, n'étant pas du métier, je répondis par un aveu succinct, mais expressif, de ma situation, de mon ennui, de mon impatience d'agir. C'était, il le vit bien, l'emploi chevaleresque de mes forces qui me tentait, plutôt que la satisfaction d'une haine politique. Mon récit franc lui alla au cœur; il me tendit la main, me promit le secret vis-à-vis du marquis, et que, si le choc avait lieu, j'en serais pour sûr. En attendant, il exigeait que nous n'eussions aucune relation suivie, pour ne pas me compromettre en pure perte. Avant de nous séparer, j'obtins pourtant qu'il m'accompagnât une minute jusqu'à ma chambre, tout près de là, afin de savoir de ses propres yeux où m'atteindre, afin aussi de connaître un asile de plus au besoin.

Ceci réglé, il y eut d'abord en moi un grand calme et un entier contentement. J'étais débarrassé du poids intérieur qui me pesait le plus, du souci indéfini de l'avenir. Une espèce de colonne éclatante ou sombre, mais grandiose et toute posée, déterminait mon horizon; il me semblait que, d'ici-là, j'avais le droit de vivre, de m'ébattre dans la plaine et de me multiplier. Toutes les vivacités de l'âge, toutes les irradiations de la jeunesse brillèrent de nouveau. Mes amis me revirent plus à eux, plus expansif et ingénieux à leur plaire. Je pouvais assister désormais aux parades, aux splendeurs militaires sans haine ni aigreur : mon regard était celui d'un rival qui s'apprête et qui mesure, en passant, la hauteur du camp ennemi avec une sorte d'orgueil. Comme simulacre et prélude, j'allais à une salle d'armes, et je me remis à l'escrime passionnément. Dans mon amour des contraires, les études elles-mêmes gagnaient à cette allégresse nouvelle ; mes lectures n'avaient jamais été si variées en nombre, si fécondes en réflexions et en souvenirs. On aurait dit qu'un jour plus délicat éclairait sous mes doigts les pages. C'est vers ce temps, je le crois bien, que, pareilles à un rêve d'Endymion, les peintures de Bernardin de Saint-Pierre m'offrirent la douceur lactée de leur ciel, les massifs blanchâtres de leurs paysages, et cette monotonie mélodieuse, comme le son d'une flûte, sous la lune, dans les forêts. Les écrits tout récens d'un compatriote déjà célèbre, M. de Châteaubriand, me frappaient plus que ceux de Saint-Pierre, et peut-être d'abord m'appelaient moins, étonné souvent et déconcerté que j'étais de tant d'éclairs. Mais ayant lu, un soir, le bel épisode de René, j'écrivis sur mon cahier de pensées un jugement tumultueux qui, je m'en souviens, commençait par ces mots : « J'ai lu René et j'ai frémi, je m'y suis reconnu tout entier, etc., etc. » Combien d'autres, depuis vingt ans, ont frémi ainsi et se sont crus en face d'eux-mêmes devant ce portrait immortel! Tel est le propre de ces miroirs magiques où le génie a concentré sa vraie douleur, que, pendant des générations, tous ceux qui s'approchent pour regarder s'y reconnaissent tour à tour. — Et pourtant mon mal était bien à moi, mais vague, moins altier et idéal qui celui que j'admirais, et, sous ses transformations diverses, tenant à un motif plus défini.

Aimer, être aimé, unir le plaisir à l'amour, me sentir libre en restant fidèle ; garder ma secrète chaîne jusqu'en de passagères infidélités ; ne polir mon esprit, ne l'orner de lumières ou de grâces que pour me rendre amant plus cher, pour donner davantage à l'objet possédé et lui expliquer le monde, tel était le plan de vie molle auquel en définitive je rattachais tout bonheur ; telle était la guérison malade qui m'aurait suffi. Quant à cette gloire des écrivains ou des guerriers, qui m'apportait par instans ses murmures, une fois comblé d'autre part, je l'aurais fait taire : tout zéphyr des bois eût chassé mes regrets. L'action ambitieuse, je l'aurais prise aisément en pitié; l'étude, je n'en eusse tiré que la fleur. Il est doux à l'esclave d'amour de cultiver l'oubli. La religion, hélas! je l'aurais accommodée sans doute aussi au gré de mon cœur et de mes sens; j'en aurais emprunté de quoi nourrir et bercer mes fades remords; j'en aurais fait un couronnement profane à ma tendresse. Voilà, de rêve en rêve, en quel abandon j'étais venu. Excepté la volupté, mon ami, je n'ai jamais, durant ces temps, voulu aucune autre chose en elle-même; quand j'avais l'air de vouloir et d'agir d'un autre côté, c'était toujours au fond en vertu du secret ressort. Ce que le philosophe Helvétius a dit du motif unique de l'homme en général, n'était que vrai de moi.

Et l'âge, qui vient si vite pour les amans, et les années sérieuses, et la mort, qu'en faisais-je donc? Quelle part laissais-je en idée à ces envoyés terribles ? — Oh! dans ce plan d'un élysée terrestre, je ne voyais jamais mon idole, ni moi, survivant de beaucoup aux flatteuses années. Il y a pourtant, dans le lent déclin d'une beauté qu'on aime, dans les mille souvenirs qui s'attachent à cet éclat à demi flétri, il y a là une douceur triste que je pressentais assez pour vouloir la goûter jusqu'au bout. Mais, cette mélancolie dernière étant aussi respirée, et avant l'extrême fin de cette automne de la jeunesse, je supposais toujours (moi présent et à genoux) la mort languissante de mon amie au sein de la religion qui pardonne. Et après peu d'années de veuvage de cœur et de solitude errante, je m'éteignais pieusement à mon tour, vers *quarante-trois ans* au plus tard. C'était un terme passé lequel je ne me supportais plus sur la terre. Raffiné mélange, n'est-ce pas ? d'épicuréisme et de foi à l'âme, d'oubli et de connaissance de Dieu ! perfide image, qui n'était cependant pas tout mensonge, et où se peignait, vous le verrez, une inconcevable lueur d'avenir ! Et je n'avais pas besoin, pour que ce fût là mon roman de bonheur, de le croire aucunement réalisable ; car il continuait de flotter à mes yeux en ces momens même où j'espérais une tout autre issue.

Mais, pour revenir aux lectures dont je vous parlais, celle qui contrastait sans doute le plus avec le tourbillon agité de cette crise, et qui me rappela un moment assez haut vers la région invisible, avait pour objet quelques écrits d'un théosophe que j'aime à vous citer sou-

vent, parce qu'il a beaucoup influé sur moi.
Le livre *des Erreurs et de la Vérité*, et *l'Homme
de Désir*, m'apportèrent avec obscurité plusieurs
dogmes précieux, mêlés et comme dissous au
milieu de mystiques odeurs. Une réponse de
Saint-Martin à Garat, que j'avais trouvée dans
le Recueil des Écoles Normales, me renvoya à
ces deux ouvrages, dont j'avais déjà feuilleté
le premier à Couaën, mais sans m'y arrêter.
Cette réponse elle-même, où le sage énonce
ses principes le plus simplement qu'il a jamais
fait, cette manière calme et fondamentale, si
opposée en tout à l'adresse de langage, et,
comme l'auteur les désigne, aux brillantes fusillades à poudre de l'adversaire, ce ton prudent, toujours religieux à l'idée, me remettaient aisément en des voies de spiritualisme ;
car, sur ce point, j'étais distrait et égaré plutôt que déserteur. Une vérité entr'autres m'y
toucha sensiblement, et fit *révélation* en moi ;
c'est l'endroit où il est dit que « l'homme naît
et vit dans les pensées. »

Bien des vérités qu'on croit savoir de reste
et tenir, si elles viennent à nous être exprimées d'une certaine manière imprévue, se manifestent réellement pour la première fois, en

nous arrivant sous un angle qui ne s'était pas rencontré jusqu'alors, elles font subitement étincelle. Ainsi ce mot opéra à l'instant sur moi, comme si j'avais les yeux dessillés. Toutes les choses visibles du monde et de la nature, toutes les œuvres et tous les êtres, outre leur signification matérielle, de première vue, d'ordre élémentaire et d'utilité, me parurent acquérir la signification morale d'une pensée, — de quelque pensée d'harmonie, de beauté, de tristesse, d'attendrissement, d'austérité ou d'admiration. Et il était au pouvoir de mon sens moral intérieur, en s'y dirigeant, d'interpréter ou du moins de soupçonner ces signes divers, de cueillir ou du moins d'odorer les fruits du verger mystérieux, de dégager quelques syllabes de cette grande parole qui, fixée ici, errante là, frémissait partout dans la nature. J'y voyais exactement le contraire du monde désolant de Lamarck, dont la base était muette et morte. La création, comme un vestibule jadis souillé, se rouvrait à l'homme, ornée de vases sonores, de tiges inclinées, pleine de voix amies, d'insinuations en général bonnes et probablement peuplée en réalité d'innombrables esprits vigilans. Au-dessous des animaux et des fleurs, les pierres elles-mêmes, dans leur empêchement grossier, les pierres des rues et des murs n'étaient pas dénuées de toute participation à la parole universelle. Mais, plus la matière devenait légère, plus les signes volatils et insaisissables, et plus ils étaient pénétrans. Pendant plusieurs jours, tandis que je marchais sous cette impression, le long des rues désertes, la face aux nuages, le front balayé des souffles de l'air, il me semblait que je sentais en effet, au-dessus de ma tête, flotter et glisser les pensées.

Ce qu'il y a de surprenant, c'est qu'on peut être homme et tout-à-fait ignorer cela. On peut être homme de valeur, de génie spécial et de mérite humain, et ne sentir nullement les ondulations de cette vraie atmosphère qui nous baigne; ou, si l'on n'évite pas sans doute d'en être atteint en quelque moment, on sait y rester glacé, s'en préserver comme d'un mauvais air et fermer les canaux supérieurs de l'esprit à ces influences aimables qui le veulent nourrir.

Il est donc un grand nombre d'hommes, et d'hommes de talens divers, dont on doit dire qu'ils ne vivent jamais dans les pensées. Parmi ceux-là, il en est d'habiles à toutes les sortes d'anatomie, de logique et de tactique, aux récits des faits et des histoires, à l'observation ou à l'expression des phénomènes, et de ce premier masque qu'on appelle *la réalité*. Mais au-delà du sens immédiat, ne leur demandez rien des choses. Ils se sont retranché de bonne heure la cime aérée, ils se sont établis dans l'étage qu'ils estiment le seul solide; ils n'en sortent pas. Ce vide exact qu'ils font autour d'eux, par rapport à l'atmosphère divine, les appesantit et les attache avec succès à ces travaux plus ou moins ingénieux, où ils excellent. Qui croirait, à voir de tels exemples, que les pensées sont l'aliment naturel des esprits? S'il en circule quelques-unes devant eux dans les conversations, ils ne s'y mêlent que pour les nier ou les restreindre, ou bien ils se taisent jusqu'à ce qu'elles soient passées. S'il leur en vient, au réveil, dans le lit, par surprise, entendez leur aveu! ils se hâtent de les secouer, non pas comme orageuses parfois, ce qui serait prudent, mais comme vagues, comme follement remuantes et importunes en tant que pensées. Quelle idée écrasée se font de la nature humaine des hommes, rares après tout, et qui en sont eux-mêmes un ornement? Si on leur crie, comme Descartes à Gassendi : *O Chair!* ils s'honorent, comme celui-ci de l'injure, et vous répondent en raillant : *O Esprit !* — Que ce soit chez eux caractère, habitude ou système, remercions le ciel d'être moins négatifs que cela, mon ami. La nourriture délicate et préparatoire des âmes est souvent la vôtre; ne désespérez pas ! S'il convient de la tempérer dans l'usage, comme trop enivrante en cette vie et peu rassasiante sans la foi, il serait mortel de s'en sevrer. A certains momens que discerne d'abord un cœur sincère, laissons sans crainte les pensées venir, les sources d'en haut s'essayer; ouvrons-nous à cette rosée qui pleut des nuages; la Grâce elle-même n'est qu'une goutte féconde.

Le soudain attrait qu'avait pour moi la lecture de Saint-Martin, me suggéra l'envie toute naturelle d'entrevoir sa personne. Je n'aurais jamais songé à l'aborder, lui si humble, à l'interroger, lui, homme de prière et de silence; je désirais de l'apercevoir seulement. M'étant informé à son sujet auprès de mon ami l'idéologue, j'appris que, durant l'été, il vivait volontiers à Aulnay, dans la maison du sénateur Lenoir-Laroche. Un jour de septembre, à tout hasard et dans le plein de ma disposition précédente, je tentai ce petit pèlerinage : « Si je le rencontre en quelque sentier, me disais-je, je le devinerai bien, et le doute même où je resterai ensuite ajoutera à l'effet de sa vue. » J'allai, et par une sorte de retenue conforme à l'objet, sans vouloir questionner personne, je parcourus cet étroit vallon, ce coteau boisé, qu'il regardait, le doux vieillard, comme un des lieux les plus agréables de la terre. Je rôdai aux charmilles des jardins; je crus découvrir les détours par lesquels il gravissait de préférence; en m'asseyant au haut, je m'imaginai occuper une des places qui lui étaient familières. Mais je ne fis pas de rencontre qui pût prêter à ma fantaisie. Cette course timide dans les bois, sur les traces de l'homme pieux, me laissa un intérêt, riant d'abord, puis bientôt solennel et consacré. Après moins de quinze jours, je sus qu'il ne se trouvait pas à Aulnay lors de ma visite, mais qu'y étant retourné depuis, il venait subitement d'y mourir.

C'est peut-être plus tard, quoique je veuille vous le mentionner ici, que certains endroits de Vauvenargues me causèrent une inexprimable sensation par leur convenance parfaite

avec le train d'esprit et de conduite où j'étais. Lorsqu'il écrit à son jeune ami Hippolyte sur *la gloire* et sur *les plaisirs,* je l'entendais, le philosophe de trente ans, dévoré, mûri, comme Pascal, par la douleur, et de jour en jour plus chrétien, je l'entendais m'adresser d'un ton enchanteur ces conseils, qui pourraient non moins justement trouver leur sens de moi à vous * : « Vous avez une erreur plus douce,
» mon aimable ami, oserai-je aussi la combat-
» tre? Les plaisirs vous ont asservi; vous les
» inspirez; ils vous touchent; vous portez
» leurs fers. Comment vous épargneraient-ils
» dans une si vive jeunesse, s'ils tentent même
» la raison et l'expérience de l'âge avancé?
» Mon charmant ami, je vous plains : vous sa-
» vez tout ce qu'ils promettent et le peu qu'ils
» tiennent toujours.... Vous n'ignorez pas quel
» dégoût suit la volupté, quelle nonchalance
» elle inspire, quel oubli profond des devoirs,
» quels frivoles soins, quelles craintes, quelles

---

(1) Pour cette citation et la suivante, et pour toutes les citations en général, on a rétabli avec exactitude les textes, qui n'étaient souvent qu'à peu près indiqués.

(*Note de l'Éditeur.*)

» distractions insensées! » Je savais par cœur cette phrase, je me la redisais souvent avec les mêmes inflexions de mélancolie, qu'autrefois, enfant, je mettais aux vers de Properce. Je rougissais de confusion à ces graves paroles, aussi complaisantes que celles d'une mère. Et si, s'adressant encore à son jeune ami, il lui écrivait au sujet de la gloire : « Quand vous
» êtes de garde au bord d'un fleuve où la pluie
» éteint tous les feux pendant la nuit et pénè-
» tre dans vos habits, vous dites : heureux qui
» peut dormir sous une cabane écartée, loin
» du bruit des eaux! Le jour vient; les om-
» bres s'effacent et les gardes sont relevées,
» vous rentrez dans le camp; la fatigue et le
» bruit vous plongent dans un doux sommeil,
» et vous vous levez plus serein pour prendre
» un repas délicieux. Au contraire, un jeune
» homme né pour la vertu, que la tendresse
» d'une mère retient dans les murailles d'une
» ville forte,... celui-ci, au sein du repos, est
» inquiet et agité; il cherche les lieux soli-
» taires; les fêtes, les jeux, les spectacles ne
» l'attirent point : la pensée de ce qui se passe
» en Moravie occupe ses jours, et, pendant la
» nuit, il rêve des combats et des batailles

» qu'on donne sans lui; » comme ce retour vers la Moravie me revenait naturellement aux lèvres pour exprimer mes souffrances jalouses dans l'inaction, loin des victoires! il n'était pas jusqu'à ces consonnances en *i* qui ne me touchassent, et où je ne visse une harmonie découragée.

Et vous croirez maintenant, mon ami, que mes heures ne suffisaient pas à des emplois si divers; que ces contradictions d'actes et de pensées n'y pouvaient tenir ensemble; qu'au moment et dans les journées du moins de ces nobles méditations, les plaisirs grossiers avaient tort; que tous ces objets de mes récits se suivaient, se succédaient peut-être à distance, mais ne coexistaient pas? Détrompez-vous, reportez les yeux sur vous-même; songez à ce que l'homme allie d'inexplicable, surtout à ce que cet âge merveilleux de la vie embrasse et condense. Je courais au vallon à la recherche du sage, je rentrais dans la ville à la piste du conspirateur guerrier. J'invoquais le choc sanglant, je lançais mon âme au plus fluide de l'air et dans l'azur. Puis, quelque forme épaisse de beauté me rentraînait. Et derrière tout cela, une pensée fidèle, un sentiment voilé, puissant dans sa langueur, transpirant, se retrouvant en chaque point : le désir sans espérance, la lampe sans éclat, — mon amour !

XIII.

L'élan prodigieux que m'avait donné ma rencontre avec Georges s'étant ainsi déployé en tout sens et assez tôt épuisé, je retombai peu à peu, selon le penchant de ma nature, à considérer les difficultés de l'entreprise, ses lenteurs, et la déconvenue probable avant un commencement même d'exécution. Ce nouveau coup-d'œil me replaça en face de mes propres embarras, de mes ennuis habituels, et quelques irritations involontaires rompirent la courte allégresse. Et si Elle, d'ordinaire acceptant et laissant dire, s'apercevait de ces changemens en moi, si elle semblait s'inquiéter (ce qui lui arrivait plus souvent) de me voir autre, de m'entendre plaindre et menacer en l'air et souhaiter de partir ou de mourir, si elle me reprochait alors doucement de ne pas aimer assez, au-delà de tout, d'être in-

constant et de vouloir de moindres biens, je lui disais en m'emparant de ses paroles et en appuyant sur l'intention : « Mais, vous, aime-
» riez-vous sans égal qui vous aimerait sans
» mesure? aimeriez-vous au-delà de tout, au-
» delà de cet époux et de ces enfans ? » C'était les jours où j'avais été le plus sensuellement égaré que je me montrais ainsi égoïste et dur. Son souci de son mari et de ses enfans me rebutait alors; à la moindre maladie des uns, à l'idée de la prochaine sortie de l'autre, je la trouvais pleine d'un objet qui n'était pas moi. Le trône que je convoitais en son cœur me paraissait, le dirai-je? grossièrement usurpé par eux. Oh! que l'amour humain est intolérant, injurieux, dès qu'il s'abandonne sans frein à lui-même! En ces momens où il vise à la conquête, où il s'altère et s'aigrit dans les obstacles, je le comparerais à ces despotes d'Asie qui, pour se faire voie au trône, égorgent tous leurs proches et leurs frères. Ainsi l'amour brutal et despotique, si on le laissait agir d'après l'instinct, s'il restait barbare en ses jalousies, et si le Christianisme ne le touchait pas, égorgerait volontiers pour la dédicace de son autel tous les autres amours. Mais,

quand je m'exprimais en ce sens d'égoïsme et d'exigence, avec quelque ménagement dans les termes, bien qu'assez à nu pour le fond, elle ne me comprenait pas, elle ne pouvait admettre en mon esprit cette exclusion acharnée ; elle ne concevait pas qu'aimer fût l'ennemi d'aimer, et que de ces amours divers et parens il dût résulter autre chose qu'une émulation d'ardeur et de tendresse. Tous les amours vrais, à ses yeux, naissaient d'une même tige, et comme les branches du Chandelier d'or. Je la voyais donc souffrir de ma prétention farouche et s'en troubler.

Puis d'autres fois, quand les sens et par conséquent l'égoïsme s'en mêlaient moins, quand les derniers soirs avaient été meilleurs, et qu'en moi le véritable amour s'éclaircissait un peu, alors je redevenais doux, tolérant en sa présence, sacrifiant ma part avec bonheur et m'effaçant. Et elle se faisait si vite à me prendre ainsi, elle s'épanouissait comme dans un air si facile, et nous nous entendions avec tant d'accord ! Un après-midi, en arrivant chez elle, je l'avais trouvée dans sa chambre, au milieu d'une quantité de lettres entr'ouvertes, éparses sur les meubles, sur les fauteuils, et une cassette encore pleine à côté. C'étaient ses anciennes lettres d'amour d'il y avait huit ans, la correspondance secrète du marquis et d'elle avant le mariage, lorsque les difficultés de famille et la colère du frère les séparaient. Cette chère cassette, d'abord enlevée dans la saisie de Couaën, lui avait été rendue depuis déjà plusieurs mois. Mais, ce jour-là, elle s'était mise, au réveil, à la rouvrir par hasard, et jusqu'à l'heure où j'arrivai elle n'avait pas quitté, oubliant de s'habiller et de descendre. Une lettre avait succédé à une autre; les scènes, les joies et les transes d'autrefois étaient sorties une à une de ce coffret odorant comme une guirlande dès long-temps fanée, comme cette garniture du premier vêtement nuptial, qui y avait été en effet renfermée et qui en sortait à demi. Les années de la famille, de la patrie, et du virginal amour, s'étaient levées et avaient fait cercle autour d'elle. Lorsque j'entrai, elle ne se dérangea point et demeura sous l'émotion où elle était, les yeux humides, la tête renversée contre un coussin, une lettre sur ses genoux, et ses bras dans l'abandon. Elle me permit de toucher de mes mains ces lettres sacrées; elle m'en expliquait les cir-

constances et les occasions pleines d'alarmes.
Je pus même en lire deux ou trois de lui à
elle, mais pas une seule d'elle à lui; elle s'y
opposa dans sa pudeur. J'admirai le ton de
cet amour frémissant et soumis chez un homme
dont les portions opposées du caractère m'étaient si connues. Les lettres qu'il m'arriva de
lire portaient précisément sur de tendres promesses qu'il faisait de contenir son ressentiment à l'égard du frère de Lucy, et en général
de s'abstenir de mouvemens trop altiers; car
elle lui avait reproché, ce qui semblait, son
dédain amer des autres hommes et l'opiniâtre
orgueil du sang. Comme je finissais de lire à
demi-voix la lettre, et qu'apercevant à terre
cette garniture nuptiale dont j'ai parlé, je lui
demandais de l'emporter en gage de la confidence inviolable, elle consentit d'un signe sans
avoir l'air de répondre; et, en même temps,
se fiant tout entière à l'état clément de mon
âme, elle me disait : « Bientôt, quand M. de
» Couaën va être sorti, oh! nous serons paisi-
» bles alors et réunis pour long-temps. Nous
» bénirons son malheur, nous l'adoucirons.
» Une vie de campagne et d'isolement absolu
» sera la nôtre. Nous reverrons Couaën un

» jour, quoi que vous en disiez; vous y serez
» avec nous. Mes enfans grandiront, et vous les
» formerez de vos soins; ma propre enfance
» refleurira. Nous deviendrons pieux en pra-
» tique, nous célébrerons ensemble les anni-
» versaires de la mort de ma mère; nous ferons
» le bien. C'est le moyen sûr d'éloigner du
» cœur les haines qui sont en nous un poison.
» Déjà vous êtes plus calme et *résigné*, je vous
» vois moins de ces colères ambitieuses à pro-
» pos des choses inaccessibles; vous ne détestez
» plus personne au monde, n'est-ce pas? Il en
» sera ainsi de lui : nous le forcerons de ren-
» dre grâces de ses maux. Nous croirons bien
» tous à l'autre vie, car celle-ci ne suffira ja-
» mais à l'étendue de nos affections et de no-
» tre bonheur? »

Ainsi parlait la femme pure, et je l'écoutais muet d'enchantement. La femme pure croit
à ces plans d'avenir, elle serait capable de s'y
conformer jusqu'au bout avec félicité, et je la
juge par-là bien supérieure à l'homme. Mais
l'homme qui aime, et qui, entendant ces arrangemens heureux tomber d'une bouche
persuasive, y croit un moment et s'estime capable d'y prêter sa vie, n'est réellement pas

de force à cela comme il pense. Tandis que la femme aimée, au cœur pudique, confiante et sans désir, est assez comblée de voir à côté d'elle son ami, de lui abandonner au plus sa main pour un instant, et de le traiter comme une sœur sa sœur chérie, l'homme, fût-il doué du ciel comme Abel ou Jean, souffre inévitablement en secret de sa position incomplète et fausse ; il se sent blessé dans sa nature secondaire, sourdement grondante, aggressive; les momens en apparence les plus harmonieux lui deviennent vite une douleur, un péril, une honte ; de-là des retours irrités et cruels.

Mais, si ce qui est de l'intérieur sacrifice s'étendait en puissance, si ce qui est de la nature infirme et secondaire s'évanouissait peu à peu et expirait; si l'homme atteignait à aimer purement comme la femme pure le sait faire ; si la tunique modeste d'Abel et de Jean le vêtissait de plus en plus jusqu'aux pieds ; si l'on suppose les aigreurs, la corruption des sens, l'envieuse pauvreté d'un exclusif amour, combattues, vaincues par degrés à force de piété, de vigilance, de recours à l'autre vie, d'activité généreuse dépensée pour l'être aimé, et de bienfaits répandus à toute heure, autour de lui, en son nom, on aurait certes sur la terre une ombre du grand amour qui règne au-delà et de cette amplexion unanime dans l'ordre de Dieu. Car, dans cet ordre désiré, les foyers et les centres individuels des précédentes tendresses se maintiennent, comme je l'espère. La mère, la sœur, l'épouse, l'amie sanctifiante, ne cessent pas d'être connues de nous sous l'œil céleste, et d'être nommées. L'âme transportée retrouve en des proportions plus belles tous ses bons amours, chacun d'eux en elle n'étant qu'un encouragement aux autres, un élancement intarissable vers celui qui les couronne à la fois et les justifie.

Et comme, dans l'éclair paisible des momens que je vous raconte, nous embrassions d'avance un reflet de ces profondeurs et que nous nous en figurions un côté réalisable dès ici-bas, les projets attachans se pressaient sur nos lèvres et multipliaient nos discours. Et c'étaient des joies, des douceurs qui la faisaient bénir Dieu de son sort et d'être ainsi entourée, et qui chez elle, après, dans la solitude, se conservaient à l'état parfait et s'exaltaient peut-être encore, mais que moi bien vite, retiré à part, je défaisais et je corrompais.

L'automne finissait, et les jours de lent adieu qu'elle prolonge sont les plus sentis et les plus savoureux ; nous en jouîmes aussi avant que possible, jusqu'à ce qu'enfin, le bois étant presque dépouillé et la dernière feuille tremblante n'attendant plus que la prochaine bise, on dut laisser Auteuil pour Paris. Le marquis avait obtenu de choisir sa maison de santé sur un boulevard voisin de notre faubourg. Madame de Couaën se réinstalla au petit couvent, à sa grande satisfaction et à celle de madame de Cursy, des enfans et de tout le monde. Notre manière de vivre se trouva donc peu changée. Seulement (est-il temps de l'avouer ici ?) l'absence de la jeune dame R. fut cause que je la remarquai davantage quand elle vint. Si elle demeurait jusqu'au soir, je la reconduisais d'ordinaire jusque chez elle ; et en la quittant pour retraverser seul cette mer trop connue où je m'abandonnais, une voix moqueuse me rappelait tout bas, d'un ton de mondaine sagesse, que j'étais las à l'excès de l'amitié sans la possession, et de la possession sans amour. J'avais beau éviter de peser sur l'idée perfide, il m'arrivait, chaque fois que la visite avait lieu, de regarder plus volontiers du côté de cette faible étoile qui brillait dans les yeux de madame R.

Un jour où l'on était réuni chez madame de Couaën, celle-ci présente et d'autres personnes encore qui s'entretenaient, je m'approchai de madame R., qui était debout dans l'embrasure d'une croisée, et je lui demandai, par manière de compliment, des nouvelles d'une jeune amie de province dont elle nous parlait quelquefois et à qui elle racontait sa vie : « Savez-vous ce que cette petite personne s'avisait hier de m'écrire? dit-elle; elle s'informe à toute force de ce que devient mon ami M. Amaury! » — « Eh! quoi! ne sommes-nous pas amis en effet, répliquai-je ; puisque vous en doutiez, convenons d'aujourd'hui que nous le sommes ; » et je lui offris la main pour sceller l'engagement ; elle y mit la sienne en répétant mes derniers mots. Ceci se passait sans affectation, et les yeux qui auraient aperçu le geste n'auraient pu en être étonnés. En la reconduisant depuis, à l'instant de nous séparer, je lui serrais d'habitude la main et lui disais : « Vous n'avez pas oublié, j'espère, ce que nous sommes maintenant ? » ou quelque autre mot pareil lancé dans l'intervalle de temps où sa porte se refermait. Je lui aurais fait, si j'avais écouté mon caprice, plus de visites que je n'eusse pu en motiver; je ne perdais du moins aucune occasion de lui être agréable. Mais ce n'était rien d'impérieux à quoi je cédasse véritablement; je ne faisais qu'essayer du singulier attrait qui se glisse en ces complications naissantes. Après quelque adieu tendre qui m'était échappé de la sorte, et qu'un *oui* suave avait accueilli, souvent j'éprouvais, au retour, un flatteur mouvement d'orgueil de donner ainsi mon cœur à l'une, mon sourire et un mot à l'autre, de les satisfaire toutes les deux, et, moi, de n'être pas rempli. Et puis ce contentement futile se mêlait vite de remords, d'inquiets scrupules suscités à l'idée de madame de Couaën, d'excuses secrètes et de petits accommodemens de conscience que j'avais peine à me procurer. Je serais presque retourné vers madame R. en ces seconds momens pour lui demander à elle-même : « N'est-ce pas qu'il n'y a rien de mal ni aucune duplicité à ce que je fais.

Je n'avais toujours pas d'informations de Georges, quoique j'eusse tenté à diverses reprises de le rejoindre, et le marquis n'en paraissait guère avoir plus que moi. Sa conjecture et la mienne étaient que les deux ou trois cents hommes, nécessaires au groupe, ne se réuniraient pas, et qu'en traînant ainsi, l'affaire perdait toute bonne chance. Nos craintes pour Georges et les siens étaient vives; je dérobais au marquis une moitié de mon angoisse. Il eût été urgent dans l'intérêt de sa sécurité, à lui, que sa translation à Blois ou ailleurs se décidât au plus tôt et avant que la découverte d'une conspiration royaliste le vînt sans doute envelopper dans le péril d'un jugement. Mais cette translation pouvait être une si forte contrariété pour son honneur, elle devait être un si redoutable déchirement pour nous et une épreuve si douloureuse à notre amitié, que je n'osais presser activement en ce sens M. D... ou le mari de madame R. Chaque fois qu'il s'agissait de cette terminaison probable, le marquis parlait de la grasse prison qui l'attendait, avec un dégoût, et presque une horreur, qui me marquait assez son énergique vœu d'être présent ici à tout événement. M. D..., que je continuais de voir de temps à autre, témoignait au contraire un désir empressé que cette solution eût lieu. A certaines phrases couvertes, qu'il jetait avec intention peut-être, je crus saisir qu'il avait vent confus de quelque chose qui se tramait dans l'air à l'entour : cet indice était peu propre à me calmer.

Les derniers mois de l'année s'écoulèrent ainsi, sans que rien d'autrement saillant ne me revienne, soit que les incidens aient langui en effet, soit que la mémoire ne me les rende pas. J'étais affairé et sans relâche, dépaysé à l'entrée de la terne saison, plongé en une vie peu franche. La Toussaint et le Noël de cette année n'ont rien à me dire, maintenant que j'y repense : ce sont en moi d'étranges marques d'oubli. A l'éblouissante quinzaine qu'avait ouvert la rencontre avec Georges, une sorte de brouillard et d'éclipse avait succédé. D'où vient qu'il y a des endroits de lointain souvenir, si nets, si perceptibles dans les plus insignifiantes circonstances ? d'où vient qu'il en est tout à côté de si troubles et indistincts ? Cela tient moins, mon ami, aux circonstances en elles-mêmes qu'à l'état essentiel de l'âme dans le moment des circonstances survenues, au plus ou moins de clarté active où elle était, les recevant en son onde et coulant derrière. Nous nous souvenons du passé à travers et avec notre âme d'aujourd'hui, et il faut qu'elle ne soit pas trop brumeuse; mais nous nous souvenons dans notre âme d'autrefois, et il faut qu'aux endroits des souvenirs elle puisse nous luire au loin, d'un flot d'argent, comme une rivière dans la prairie.

Que je vous parle une fois ici du souvenir, selon moi, tel que je le sens, et j'ai beaucoup senti à ce sujet! Si le souvenir, pour la plûpart des âmes, dans des situations analogues à la mienne, est une tentation rude, pour moi, mon ami, il est plutôt une persuasion, un rappel au bien, une sollicitation presque toujours salutaire dans sa vivacité. Est-ce là une excuse, par hasard, que je chercherais à mes yeux, pour ces milliers de fleurs et d'épines où je me rengage? je ne le crois pas en vérité, ô mon Dieu! D'autres ont besoin surtout de moins s'appesantir sur leur passé. Dès qu'ils l'ont racheté par assez de larmes, ils doivent rompre et se détacher exactement; l'espérance robuste les soulève et les pousse, ouvriers assidus de la prophétie: ils ont l'ardent exemple de Jérôme. Mais, sans que ce soit, je le pense, une contradiction avec les espérances immortelles, et dans tout ce qui est de l'ordre humain, moi, j'ai toujours eu à cœur le souvenir plutôt que l'espérance, le sentiment et la plainte des choses évanouies plutôt que l'étreinte du futur. Le souvenir, en mes momens d'équilibre, a toujours été le fond reposant et le plus bleu de ma vie, ma porte familière de rentrée au ciel. Je me suis, en un mot, constamment senti plus pieux, quand je me suis beaucoup et le plus également souvenu. En tout temps, même dans les années turbulentes et ascendantes, j'ai dû au souvenir une grande part de mes impressions profondes. Dans les divers âges de la vie que j'ai parcourus, comme j'anticipais prématurément l'expérience d'idées et le désappointement ordinaire à l'âge qui succède, je vivais peu de la jouissance actuelle, et c'était du souvenir encore que les plus fraîches réparations me venaient. Quant je goûtais un vif bonheur, j'avais besoin, pour le compléter, de me figurer qu'il était déjà enfui loin de moi, et que je repasserais un jour aux mêmes lieux, et que ce serait alors une délicieuse tristesse que ce bonheur à l'état de souvenir. Dans ma vue des événemens du dehors et mes jugemens sur l'histoire présente, j'étais ainsi : le sentiment d'un passé encore tiède et récemment inhumé m'enlaçait par des sympathies invincibles. Dans mes faubourgs, sur mes boulevarts favoris, les enceintes de clôture des communautés désertes, les grilles de derrière des jardins abandonnés, me recomposaient un monde où il semblait que j'eusse vécu. Quand ma lèvre de jeune homme brûlait de saluer les aurores nouvelles, quelque chose au fond de moi pleurait ce qui s'en est allé. Mais, à certaines heures, à certains jours, en particulier aux soirs du dimanche, cette impression augmente; tous mes anciens souvenirs se réveillent et sont naturellement convoqués. Tous les anneaux rompus du passé se remettent à trembler dans leur cours, à se chercher les uns les autres, éclairés d'une molle et magique lumière. Aujourd'hui, en cet instant même, mon ami, c'est un de ces soirs du dimanche; et dans la contrée étrangère d'où je vous écris, tandis que les mille cloches en fête sonnent le salut et l'*Ave-Maria*, toute ma vie écoulée se rassemble dans un sentiment merveilleux, tous mes souvenirs répondent, comme ils feraient sous des cieux et à des échos accoumés. Depuis la ferme de mon oncle, depuis cette première lueur indécise que j'ai gardée de ma mère, combien de points s'éclairent par degrés et se remuent! combien de débris isolés, peu marquans, non motivés, ce semble, dans leur réveil, et pourtant pleins de vie cachée et d'un sens austère! Oh! non pas vous seulement, Êtres inévitables, qui fûtes tout pour moi, pour lesquels je dois prier et me saigner une veine chaque jour; non pas seulement les scènes où vous êtes debout mêlés et qui font à jamais image en moi; mais les moindres incidens épars, les cailloux les plus fortuits de ce long chemin, des seuils que je n'ai franchis qu'une fois, des visages de jeunes filles ou de vieillards que je n'ai qu'entrevus, des êtres amis qui se croient oubliés ou qui m'ont toujours cru indifférent, d'autres dont je n'ai su l'existence et les histoires que par des amis perdus eux-mêmes dès long-temps, et ceux plus inconnus à l'âme desquels je paie souvent mon *De profundis,* parce que j'ai obstinément retenu leur nom pour l'avoir lu au hasard, sur quelque croix de bois chancelante, dans un cimetière où j'errais; que sais-je? plusieurs apparitions aussi, moins pures d'origine, mais cependant voilées d'une rassurante tristesse, tout me revient et me parle; le temps et les lieux se rejoignent; et il s'exhale de ce vaste champ qui frémit, de cette vallée de Josaphat en moi-même, un sentiment inexprimable et rien que religieux! — Mais ce qui a pu trouver place dans les deux ou trois mois d'alors ne me revient pas plus nettement.

Ce n'est que vers la dernière moitié de janvier, qu'un soir, étant rentré assez tard et près de me mettre au lit, un coup de marteau, fortement donné à la porte extérieure d'en bas, rompit, en quelque sorte, les lenteurs, et je recommence la série active. D'après la disposition du logis, qui ressemblait à ceux de province, n'ayant qu'un premier étage où j'étais, et que je partageais seulement avec des voisins très-retirés, je pensai bien que c'était à moi que s'adressait cette visite à heure indue. Je descendis ouvrir, et la chandelle éclaira la figure de Georges. Je l'accueillis avec autant de surprise que de vraie joie. Il arrivait, le soir même, d'un voyage qu'il avait fait à la côte pour recevoir Pichegru et d'autres nouveaux débarqués d'importance. Après avoir laissé ses compagnons en lieu sûr, comme il se dirigeait lui-même vers son ancienne retraite, il s'était ressouvenu de moi, s'était détourné exprès de son chemin pour passer sous ma fenêtre; et, y apercevant de la lumière à travers la jalousie, soit caprice amical, soit curiosité de connaître ce que, dans ses rapports journaliers avec nous, la police avait pu trahir de soupçons récens, il avait songé à me demander asile pour cette nuit. Je l'en remerciai comme d'un honneur, comme d'un bienfait. Mes espérances impétueuses s'agitaient en foule, ramenées sur l'heure à l'assaut. Je lui montrai d'abord et lui donnai à toucher mon épée et les autres armes dont je m'étais pourvu ; et comme je manquais de poudre, il me dit d'être tranquille sur cet objet. Après les premiers préparatifs de nuit, dont je voulus sans retard nous débarrasser, après le dédoublement du lit que nous fîmes de nos mains, la conversation s'engagea aussi longue que je le pouvais désirer, et franchement communicative. Ce que je discernai dans les paroles de Georges, ce fut un droit sens qui ne se détournait volontiers d'aucun côté, la certitude de juger due au maniement des hommes, son mépris pour beaucoup, et au sein du parti principalement ; mais avec cela, une résolution inébranlable de servir ce parti, comme si ce n'était que sa propre cause après tout, et non uniquement celle des Princes et autres puissans qu'il entendît servir. Et, en effet, l'esprit absolu de conservation, maintenir son droit et sa coutume, son chaume et sa haie, comme le Roi son trône, et le noble son donjon, voilà quelle me parut toute la politique de Georges. Il se considérait au milieu de ces gentilshommes qu'il goûtait peu, et de ces Princes qui l'affublaient de cordons sans le suivre, comme au service de sa propre idée et de la défense commune : de-là, une source habituelle de grandeur. Il visait évidemment au résultat et au fait bien plus qu'à la gloire. Dans les difficultés de raisonnement, dans les conjonctures où le bon sens reste court, sa foi venait à l'aide, et il s'en remettait avec une impulsion insouciante, et selon son mot favori, à la garde de Dieu. Il avait plus d'un trait du marin expérimenté et dévot de nos grèves, qui fait l'impossible dans l'orage, et s'en remet du reste au ciel. Sous sa franche cordialité, sous ses formes rondes et presque avenantes, je ne tardai pas de découvrir, à deux ou trois mots qu'il lâcha, ce je ne sais quoi de rude, de peu humanisable, d'anciennement féroce, si j'ose le dire, que j'épiais en lui d'après ses antécédens, que beaucoup de mes compatriotes ont gardé de leurs aïeux, et que je n'ai tant dépouillé, je le crains, qu'aux dépens de la partie forte de mon caractère. Mais qu'ai-je là à regretter? il ne doit rien survivre de l'Hébreu, du Celte ni du Sicambre, dans le Chrétien. — Il m'interrogeait avec intérêt sur M. de Couaën, dont il avait pris une haute idée, ne le connaissant d'ailleurs que par sa correspondance et par cette visite récente qu'il lui avait faite; car avant la pacification de 1800, le marquis, peu installé encore dans la contrée, n'avait pas eu occasion de s'entendre avec Georges. Comme je cherchai à exposer l'idée particulière que je me faisais du marquis, de ses facultés éminentes et du malheur de leur étouffement, Georges fut long à me comprendre et à entrer dans mes distinctions; ces soucis de pouvoir et de gloire lui semblaient des superfluités, à lui, intrépide et dévot. Pures inquiétudes de gens d'esprit et d'esprits forts! me disait-il, en m'écoutant décrire cette mélancolie. L'activité dans le péril devait, selon lui, distraire de tout : « Est-ce sa femme, ses enfans qui l'arrêtent?... mais non... Que lui manque-t-il donc, puisqu'il a du cœur? » Cet aveu fondamental que Georges faisait du courage de notre ami me confirma dans le soupçon que celui-ci s'était engagé en cas d'entreprise. Quoi qu'il en soit, je prolongeais l'explication vivement et avec assez peu de succès. Singulière gradation des esprits entre eux ! Le marquis semblait chimérique et transcendant à Georges, tandis qu'il eût paru à bon droit positif, terrestre et trop soucieux de l'action, aux yeux du théosophe et du poète. A la fin, quand j'eus bien épuisé mon analyse et mes comparaisons sur ce chapitre du marquis, que je l'eus montré jeune, en ses nombreux voyages, livrant ses pensées au vent des mers et ensemençant la plaine aride, quand je fus à bout de le suivre dans son attente desséchante sur sa bruyère, Georges, qui, depuis quelques momens, avait cessé d'écouter, m'interrompit : « Allons, s'écria-t-il, je crois vous entendre, vous voulez dire un M. Pitt qui n'aurait jamais eu d'emploi. » Et au sujet de madame de Couaën, comme il m'échappait, à travers mes développemens sur le marquis, de la peindre avec complaisance et de m'étendre autour d'elle plus qu'il n'était besoin : « Eh bien ! oni, me dit-il brusquement, vous en êtes un peu amoureux, passons ! » L'accent dont il prononça ce mot tenait des habitudes brèves du chef militaire et de la sévérité puritaine du croyant. J'en fus froissé dans ma délicatesse; j'avais senti la touche dure d'une main de fer. Ce que je racontai à Georges des vagues appréhensions de M. D... ne l'épouvanta nullement : l'exécution, qui touchait à son terme, devancerait toute découverte; le groupe, qui, grâce à l'inertie du grand nombre, ne se montait qu'à une cinquantaine d'hommes (moi compris, me dit-il) était à la rigueur suffisant; Pichegru, d'ici à trois jours, s'aboucherait avec Moreau, et il fallait espérer qu'étant tous deux gens de guerre, ils parleraient peu et nous laisseraient vite agir.

La nuit s'avançait, et je souhaitai bon sommeil à Georges. Il me fit voir que, selon sa coutume, il mettait ses pistolets fidèles sous son chevet. Je remarquai qu'il s'agenouilla pour prier, durant quelques instants.

Le matin, un peu tard, nous dormions encore, lorsqu'un coup frappé à la porte de la chambre nous éveilla, je me levai et me couvris à la hâte, et comme j'hésitais avant d'ouvrir, Georges m'ordonna de le faire. Un rire impoli faillit me prendre, quand je vis que l'interrupteur n'était autre que M. de Vacquerie en personne. Arrivé pour la saison d'hiver à Paris, où cette fois il avait amené sa fille, il venait d'abord (et seul bien entendu) me rendre une visite matinale et s'enquérir de toutes choses. Je le reçus un moment à la porte, le prévenant qu'un de mes amis avec qui j'étais allé la veille au spectacle, avait partagé, cette nuit, ma chambre, et m'excusant du désordre ; puis, étant rentré dire en deux mots à Georges ce qui en était, j'introduisis ce bon M. de Vacquerie. Il ne manqua pas de mettre l'entretien comme d'habitude sur la prudence heureuse dont il se félicitait, et il s'attacha longuement à ce point capital, qu'on pouvait être mécontent et avoir entre amis son franc-parler, sans conspirer pour cela. L'arrestation du marquis lui donnait beau jeu, et il n'épargnait pas les sages leçons à l'usage de nous autres jeunes gens. Georges au lit se taisait, et je le voyais tantôt sourire de pitié, tantôt frémir de mépris, et, à la fin, de colère. Je commençais à redouter quelque éclat. Pour le conjurer, je relançai le plus avant que je pus M. de Vacquerie sur sa fille, ses achats futurs, le dernier poème de Delille et les nouveautés d'estampes et de gravures de Landon. Je lui sauvai ainsi la griffe du lion, que le bonhomme n'a jamais sue si près de lui. Mais à peine avait-il le pied dehors, que Georges ne se tint pas, et que son indignation contre cette gentillâtrerie, sur laquelle il avait trop compté, n'eut plus de bornes. Le plébéien farouche, devant qui ses nobles lieutenans ne trouvaient pas grâce toujours, me fut révélé à nu; il était terrible de la sorte; il y avait, malgré lui, du paysan révolté dans sa colère. Georges, Georges, ai-je souvent pensé depuis, la cause que vous servîtes d'une si implacable ardeur, était-ce bien la vôtre? vos instincts courageux ne se fourvoyaient-ils pas? fils du meunier, que ne fûtes-vous jeté d'abord dans les rangs des bleus? vous eussiez suppléé Kléber; on vous eût certes vu disputer à Ney, cet autre héros de même trempe et de même sang, le privilége de *brave des braves*.

Georges, levé, était prêt à sortir : la séparation eut quelque chose de sévère. Il me fit renouveler ma promesse et mon serment. « Avant huit jours donc, ajouta-t-il impérativement, vous aurez sans doute de mes nouvelles : à la garde de Dieu! » En cas qu'on ne me trouvât pas chez moi, une simple carte, glissée sous ma porte, avec un lieu et une heure de rendez-vous, devait m'avertir. Là-dessus il me laissa. Je restai sur le seuil à le suivre du regard jusqu'à ce qu'il eût disparu. A partir de ce moment, je ne m'appartenais plus en réalité, j'étais tout aux ordres du général Georges.

XIV.

Envisagée à cette courte distance et à ce degré de précision, l'aventure m'offrit désormais son côté sombre. Un sentiment grave, oppressé, ne me quitta point; j'étais enveloppé dans une œuvre sinistre. La portion, toujours peu morale, qui se mêle aux entreprises politiques et aux complots, n'étant point dissimulée en moi par une conviction aveuglante, ressortait en détail à mes yeux. Je me voyais, pour le plaisir de jouer ma vie dans ce coup-de-main meurtrier, compromettant l'avenir du marquis, lequel n'en était peut-être pas, ainsi que je l'imaginais à la légère; empoisonnant d'une douleur certaine un doux cœur qui m'aimait, violant toute reconnaissance envers MM. D...

et R..., et, pour prix de leurs bons procédés, les rendant responsables de mon ingratitude. Je n'avais la haine ni aucun fanatisme pour excuse : le besoin de changement et d'émotion extraordinaire, qui me poussait, n'était, à le nommer crument, qu'un délire du plus exigeant égoïsme. Voilà ce que je ne pouvais me taire. A la veille d'une conspiration comme d'un duel, on a beau s'étourdir, on sent au fond de son âme qu'on n'est pas dans le vrai ni dans le juste, et pourtant l'honneur humain nous tient, et l'on continue. En me disant tout bas ces choses, je ne me repentais donc pas.

Deux jours après la nuit mémorable, madame R. nous ayant envoyé offrir une loge de Feydeau, madame de Couaën fit prier M. de Vacquerie de nous accorder sa fille pour la soirée : car, lui, le bon *dilettante* campagnard, tout ami des ariettes qu'il était, il allait peu volontiers au théâtre, par scrupule. J'accompagnai seul ces trois dames; et dans la loge étroite, pendant les heures mélodieuses, que de palpitations voilées, que de nuances diverses, sympathiques ou rivales, durent éclore et se succéder en nos cœurs ! J'excepterai au plus mademoiselle de Vacquerie, qui, accoudée sur le devant sans distraction, était tout yeux et tout oreilles, comme une jeune fille, à ce spectacle pour elle si nouveau. Mais, près d'elle, madame de Couaën, nonchalamment appuyée et tournée à demi vers nous; près de moi, sur le second rang, madame R., qui interceptait sans envie nos regards; et moi-même, qui, bien qu'inégalement, partageais mes soins de l'une à l'autre et recueillais leur âme tour à tour; telle était parmi nous la vraie scène de cette soirée. La musique, les chants, le jeu du fond, le théâtre rempli, agité, l'éblouissement et le murmure, n'étaient là que pour faire écho à nos paroles, pour favoriser notre silence et encadrer notre rêverie. Seule de nous trois, madame de Couaën n'avait pas d'arrière-pensée; elle était heureuse, confiante au lendemain, environnée d'amis de son choix, réjouie de toutes les fleurs désirables dans les sentiers du devoir; je lisais cela à son attitude oublieuse, à son sourire errant qui répondait aux questions et aux regards, aux monosyllabes éteints qu'elle laissait tomber, si je m'informais de sa pâleur. Quand j'avais témoigné assez de sollicitude, je me retournais, comme de son consentement, vers madame R., afin que celle-ci ne fût pas trop jalouse; un moment, je surpris à ce doux visage une impression plus triste et une larme mal dévorée dans laquelle elle semblait dire : « Oh! que ne suis-je, moi, aimée ainsi! » Mon désir secret rejoignit le sien en cet instant, et j'y revins surtout après, dans mes réflexions de la nuit. Cette attention accordée à madame R. me parut moins coupable cette fois, ma vie étant désormais précaire et sujette à de courtes chances. Il me fallait bien, avant de mourir, entendre de quelque bouche ce mot *je t'aime,* ce seul mot, me disais-je, qui fait qu'on a vécu. Or, en cherchant uniquement de quel côté j'étais en mesure d'espérer cette prompte parole, il n'y avait pas, selon moi, à hésiter entre madame de Couaën et madame R. C'est en de tels calculs de satisfaction superficielle et de vanité, que je passais ces nuits troublées qui pouvaient être les dernières. Une catastrophe turbulente n'était propre à inspirer qu'une préparation digne d'elle.

Pendant la soirée du spectacle, madame R. m'avait parlé d'un bal, qui devait avoir lieu le surlendemain chez une de ses amies, et elle m'avait offert de m'y présenter. Je n'avais guère trop répondu alors; mais, dans ma disposition nouvelle, je lui fis savoir, par un mot de billet, que j'acceptais, et que je l'irais prendre. Je n'y manquai pas en effet. Elle était belle ce soir-là dans sa parure, d'un teint rehaussé et raffermi, d'une humeur animée qui me l'entourait d'un tout autre jour que devant. Cette langueur triste avait fait place, sous les bougies, à je ne sais quelles folles étincelles. Moi-même, dans la sorte d'ivresse de tête où j'étais, j'aiguillonnais sa gaîté rieuse qui allait pourtant contre mon but et la faisait à chaque instant m'échapper. Au milieu d'une contredanse que je dansais avec elle, j'essayai quelques mots mystérieux et sombres en vue de la menaçante destinée, ils ne réussirent pas. Elle donnait davantage dans mes autres propos, mais en y répondant d'un ton à demi tendre et moqueur, qui ne les acceptait pas tout-à-fait au sérieux, soit qu'elle ne les crût pas tels réellement, soit qu'elle prit plaisir à me laisser m'aventurer ainsi. Quand les paroles devenaient trop claires et pressantes, elle s'arrangeait si bien qu'un tiers survenait toujours ou que la foule nous séparait. M'étant assis près d'elle vers la fin, de manière qu'elle ne pût m'éviter, elle s'y prêta comme à un jeu d'abord, puis s'avisa de frapper ma main et le bras du fauteuil où je l'appuyais, à coups vifs et serrés d'éventail, comme pour arrêter à mes lèvres les paroles, et bientôt elle se levait et glissait à travers les groupes éclaircis, légère, rusée et triomphante. C'était une métamorphose de fée que je voyais en elle; j'en restai fasciné et confondu. Ma gaîté d'emprunt tomba. Je la reconduisis peu après jusque chez elle, à deux pas, en gardant presque le silence, et je rentrai au logis dans un grand désordre intérieur. Toutes les fois que je rentrais maintenant, je n'ouvrais jamais ma porte sans une certaine émotion, regardant si la carte décisive n'avait pas été glissée dessous, durant mon absence.

Je ne pensais, mon ami, vous parler de moi que par rapport à notre maladie commune; je voulais surtout vous enseigner de mon exemple, et, ne m'attachant qu'au fond, vous épargner et m'interdire les broderies trop mondaines. Mais à mesure que j'ai avancé, mon dessein a fléchi et je me suis mis à épeler de nouveau sur le cadran d'autrefois tous mes jours et toutes mes heures. Ma mémoire s'est ouverte, et le passé flot à flot m'a rentrainé. Convient-il donc que vous lisiez cela ? convient-il que je persiste à vous le retracer ? L'attrait qui m'induit à tout dire n'est-il pas un attrait perfide ? Ne sera-ce pas un legs inutile, ou même funeste, adressé à mon ami, que ces rares conseils perdus dans des enveloppes frivoles et dans des parfums énervans ? — Conscience bien écoutée, voix du cœur dans la prière, j'ose à peine ici vous dire : Conseillez-moi !...

Le lendemain matin de ce bal, vers huit heures, j'étais au lit encore, très-absorbé à démêler le tourbillon de la nuit et la conduite de madame R., quand un mot de son mari, apporté au galop par une ordonnance, me pria de le venir à l'instant trouver à l'hôtel du ministère ; car il n'avait pas du tout paru à cette soirée. La coïncidence était brusque et surprenante : mais je ne doutai pas, en y réfléchissant, qu'il n'eût à m'entretenir de notre affaire politique. Et, en effet, voici ce que j'appris de sa bouche en arrivant. Les soupçons confus, mais de toutes parts multipliés, s'étaient accrus depuis les derniers jours. Sans rien savoir de précis, on pouvait conclure de mille indices l'existence d'une machination. Le premier Consul, durant la nuit même, après un vif débat entre ses conseillers, voulant en finir de ces doutes harcelans, avait décrété la mise en jugement de quatre ou cinq royalistes détenus pour cause antérieure. M. de Couaën, par insigne bonheur, n'en était pas. Mais si son nom aussi bien était venu à la bouche du Consul, le coup eût frappé sans révocation possible, ni moyen d'arrêter les suites judiciaires. Il importait donc à ses amis de le mettre au plus tôt à l'abri de l'orage qui n'était pas calmé, et il n'y avait d'efficace en ce moment qu'un ordre de prompte translation à Blois, où il habiterait sous la surveillance de la haute police. M. R. m'offrait la signature de son ministre, à qui il en avait parlé. L'ordre passerait comme mesure de rigueur, mais c'en était une, selon lui, de précaution et de prudence. Je jugeais tout-à-fait en ce sens, et avec plus de motifs encore. Je n'hésitai pas à le presser de rendre au marquis et à nous cet inappréciable service. Il fut convenu qu'il tâcherait de faire signer dès le soir même l'ordre de translation exécutoire d'ici à cinq jours. Et moi je raccourus tout d'un trait en avertir le marquis et y préparer madame de Couaën.

Le marquis reçut la nouvelle sans s'étonner, bien qu'avec un débordement d'amertume. Comme je lui faisais remarquer l'importance pour lui de n'être pas actuellement impliqué dans une action judiciaire : « C'est bien, c'est
» bien, me dit-il; eh! ne faut-il pas que le
» destin continue? n'être rien en rien, ne
» laisser son nom nulle part derrière soi, pas
» même au greffe du tribunal! Il y a une pa-
» rodie, savez-vous, du Capitole et de la Roche-
» Tarpéienne des anciens, c'est de tomber à la
» sourdine d'un pigeonnier sur un fumier. »
Je le ramenai aux apprêts et aux arrangemens du départ; je lui exposai, un peu en tremblant, qu'il me serait difficile d'être moi-même de ce prochain voyage. Sans deviner toutes mes raisons, il en prévint quelques-unes, telles que l'utilité dont je pouvais lui être en restant, et l'intérêt de ma présence, ne fût-ce que pour nous tenir au courant de nos braves amis :
« Après quelques semaines qui nous paraîtront bien longues, ajouta-t-il avec un sourire abattu, vous viendrez, j'y compte, rejoindre les exilés. »
Madame de Couaën fut plus rebelle à convain-

cre; aux premiers mots que je lui apportai du départ : « C'est un salut, s'écria-t-elle, c'est la délivrance : partons au plus tôt ; voilà le commencement de notre rêve. » Elle ne concevait rien à mon air peu joyeux ; les raisons du retard la touchaient très-vaguement, et il fallut, à la fin, que j'exagérasse le péril du marquis, pour la faire consentir à mon séjour. Mes promesses d'ailleurs, mes sermens de rejoindre, se renouvelaient au bout de chaque phrase. Mais, quand le bruit du soudain départ se répandit dans le petit couvent, ce fut une désolation générale ; les bonnes religieuses entouraient madame de Couaën, et madame de Cursy gardait tendrement embrassés les enfans. Il fut décidé qu'une messe serait dite chaque matin, pendant les trois derniers jours, pour le salut du marquis et une favorable issue des choses.

L'après-midi s'avançait, il me prit une extrême impatience de retrouver Georges, de l'informer de ce que je savais, et d'entendre de lui un mot déterminant. J'ignorais l'endroit précis de sa retraite, et ma ressource fut de croiser aux mêmes lieux où je l'avais déjà rencontré. Durant deux longues heures, sous la bise, je recommençai la tentative. Mon cerveau s'exaltait dans l'attente stérile ; il me sembla que je voyais repasser souvent certaines figures qui rôdaient également aux environs, et sans doute dans des intentions moins bienveillantes. Je rentrai de guerre lasse à la nuit close, et, ne découvrant sous ma porte carte ni billet, pour occuper ma fièvre errante je me fis conduire en cabriolet jusque chez madame R. Elle était seule, un manteau jeté sur son vêtement blanc, assez altérée de la veille, et tout autre, aussi affaiblie qu'elle avait été vive. Je me sentais mal sûr de moi, et n'y restai que peu de momens, hâtant derechef ma course vers nos lointains boulevarts. Les grossières délices trouvaient place encore dans quelque intervalle de ces empressemens contraires.

Lorsque j'arrivai dans la chambre du marquis, il était en train d'écrire, et tournait le dos à madame de Couaën assise sur une espèce de sopha près de la cheminée ; je m'y jetai à côté d'elle, et, plein d'une frénésie à froid et sans but, je me mis à parler d'abord comme un homme désespéré, en proie aux plus violentes tristesses : « Tout-à-l'heure, en longeant » ces désertes allées, disais-je, je songeais qu'il » serait, ma foi! commode de se tuer là, un

» peu tard, en s'en revenant; on passerait
» pour avoir été assassiné; l'honneur humain
» resterait sauf, en même temps qu'on serait
» quitte d'une vie insupportable à qui n'est pas
» aimé! » Pourquoi disais-je ces paroles ? qu'en
attendais-je ? comment sortirent-elles si hardiment de ma bouche, puisqu'elles n'étaient pas
méditées ? quel démon animait ma langue ? Il
y a des jours où il faut croire véritablement à
une possession insensée. Le marquis ne répondit pas et ne fit même pas attention, je pense,
appliqué qu'il était ailleurs. Mais, elle, sa joue
devint pourpre, des pleurs assaillirent ses
paupières, et elle me saisit irrésistiblement
une main qu'elle garda et qu'elle tordait dans
ses doigts. J'ignore quels mots je balbutiai
alors pour rétracter les premiers. Mais, comme
elle s'approchait et se penchait de plus en
plus en suppliante, je lui effleurai de mon autre main la ceinture, et peu s'en fallut que je
ne l'attirasse contre ma poitrine. L'instant d'après elle était remise, et tout s'apaisa. Le marquis avait fini d'écrire; il n'était guère tard,
mais elle se leva pour partir, alléguant doucement un peu de souffrance, et son air défait
en montrait assez. A peine en route et seuls,

son premier mot fut de me demander : « M'en voulez-vous donc aujourd'hui ? et de quoi ? » — Et comme je l'assurai que rien d'elle ne m'avait blessé. — « Dans ce cas vous avez prononcé des paroles bien ingrates ; n'en dites jamais de telles ! elles sont capables de rendre folle l'amitié. » J'étais effrayé moi-même de ces rudes effets que j'avais produits avec mon exclamation fortuite. A la porte du petit couvent, où je la quittai, elle me fit promettre, en signe complet d'oubli, de venir la prendre le lendemain de bonne heure pour des courses d'emplettes, de visites, et afin de causer ensemble de l'avenir longuement et librement.

Mais, au lieu de demeurer pénétré de tant de marques, et de garder cette impression dernière qui, sur la pente d'une périlleuse tendresse, était du moins naturelle et reconnaissante, voici que la disposition maligne se ranima au dedans, comme une manière d'animal étrange qui, à certains jours maudits, s'agite et ronge en nous. L'image, tour à tour fuyante ou languissante, de l'autre femme reparut dans toute sa ruse. L'orgueil d'émouvoir ainsi deux êtres à la fois, de faire dépendre peut-être deux bonheurs de mon seul caprice, puis une crainte furieuse de les voir m'échapper toutes les deux, le désir croissant, la soif, avant de mourir, de ce mot, *je t'aime*, prononcé au plus tôt par l'une ou par l'autre; c'étaient là les misérables combats que j'emportais dans ma nuit. Le résultat absurde de ce tiraillement nouveau fut d'écrire une longue lettre, datée de minuit, à madame R., une lettre qui ne devait lui être remise que le jour même où s'effectuerait l'entreprise : car, en cette fumée de pensées, j'y comptais encore. Je lui disais qu'un grand duel, dont elle entendrait assez parler, réclamait mon bras, et que j'allais certes y périr ; mais que je voulais auparavant lui déclarer mon cœur, et rendre le portrait caché qu'il recélait. Suivaient alors mille aveux, mille souvenirs relevés et interprétés. Et l'imagination en ce genre est si mobile, le cœur si bizarre et si aisément mensonger, qu'à mesure que je prodiguais ces expansions d'un jeune Werther, je me les persuadais suffisamment. Cette lettre écrite, cachetée, et l'adresse mise, je la serrai dans mon portefeuille, bien certain, en cas d'aventure, de frapper par-là un coup de plus au sein de quelqu'un. Ayant ainsi épuisé toutes les incohérences et les excès de ma situation, harassé et à bout d'idées, je fus long encore à attendre les pesanteurs du sommeil. Oh! que ces tourbillons de la vie, que ces torrens gonflés et heurtés sont aussi creux et vides! qu'ils ne laissent ni une goutte désaltérante ni un brin d'herbe fraîche derrière eux! Et combien, mon ami, une pensée douce et juste, un seul chaste souvenir dilaté dans l'absence, une maxime saine refleurie en nous sur les coteaux solitaires, remplissent mieux tout un jour que ces conflits dévorans!

Au réveil, comme je me disposais à m'aller informer près de M. R., une ordonnance m'apporta de sa part l'avis que la translation à Blois était signée. Je ne le vis pas moins à son ministère, et je passai de là chez M. D... Il fut réglé avec ce dernier que le départ se ferait de la cour de la Conciergerie le surlendemain, vers six heures du soir, dans une chaise ordinaire; un lieutenant de gendarmerie y occuperait une place jusqu'à la destination. Ces soins conclus, j'étais de retour avant midi à mon rendez-vous du couvent, et madame de Couaën et moi nous partions, emmenant les enfans qui nous en priaient avec larmes. Le

ciel était beau et la gelée rayonnaient sous le soleil. Nous nous fîmes descendre à l'entrée des Tuileries, et nous y marchâmes lentement le long des terrasses égayées. En parlant de ce douloureux départ, je ne pus ou ne daignai pas dissimuler comme la veille, et, d'après plusieurs de mes réponses, il fut aisé à madame de Couaën de comprendre que je n'étais point du tout certain de m'attacher à leur avenir de là-bas. Elle s'offensait à bon droit d'une résolution si vacillante, elle interrogeait opiniâtrément mes motifs, et ne craignait pas de se dénoncer à mes yeux avec son incurable besoin d'être aimée, — d'être aimée uniquement comme par sa mère, disait-elle; — et je lui répliquais plus en face que jamais : « Et vous, aimeriez-vous donc uniquement ? » Et comme son cercle éternel était : « Mais vous êtes bien venu avec nous jusqu'ici ; pourquoi n'y viendriez-vous pas encore ? Pourquoi, si ce n'est parce que vous ne nous aimez plus autant ? » Poussé alors dans mes derniers refuges, je lui tins à peu près ce langage : « Pourquoi ? pourquoi ? Si vous le voulez
» absolument, madame, je vous le déclare-
» rai enfin, dussé-je vous déplaire; rappelez-

» vous bien seulement que c'est vous qui
» l'aurez voulu. Vous ne voyez, dans mon in-
» certitude de vous rejoindre, qu'une preuve
» qu'on vous aime moins ; n'y pourriez-vous
» lire plus justement une crainte qu'on a de
» vous aimer trop ? Supposez, par grâce, un
» moment, que quelqu'un en soit venu à
» craindre de trop aimer un être de pureté
» et de devoir hors de toute portée, et en
» qui cette pensée même qu'on puisse l'aimer
» ainsi n'entre pas, et dites, après, si ces con-
» tradictions de conduite et de volonté, qui
» vous blessent, ne deviennent pas explica-
» bles ? Quoique d'hier et de peu de pratique
» réelle, j'ai réfléchi d'avance sur la mar-
» che de la passion, et je crois la savoir
» comme je l'avais cent fois vérifiée. Je trou-
» vais dernièrement dans un moraliste très-
» consommé un tableau qui va vous peindre
» à merveille la succession de sentimens que
» je redoute en moi. Quand l'homme au cœur
» honnête s'aperçoit d'abord qu'il aime un
» être chaste, défendu, inespérable, il res-
» sent un grand trouble mêlé d'un mystérieux
» bonheur, et il ne forme certainement alors
» d'autre désir que de continuer en secret

» d'aimer, que de servir à genoux dans l'om-
» bre, et de se répandre en pur zèle par
» mille muets témoignages. Mais cette pre-
» mière nuance, s'y l'on n'y prend garde, s'é-
» puise dans une courte durée et se défleurit;
» une autre la remplace. Voici le désintéresse-
» ment qui cesse. On ne se contente plus d'ai-
» mer, de se vouer et de servir sans rien vou-
» loir; on veut être vu et distingué, on veut
» que l'œil adoré nous devine, et qu'en lisant
» le motif caché, il ne se courrouce pas. Et si
» cet œil indulgent n'est pas courroucé, ce
» nous semble, s'il nous sourit même avec en-
» couragement et gratitude, on se dit qu'il n'a
» pas tout deviné sans doute, on veut éprouver
» jusqu'où sa tolérance ira, et se produire de-
» vant lui avec le sentiment à nu. Jusqu'à ce
» qu'on ait proféré sans détour ce mot : *je vous*
» *aime,* on n'est donc pas en repos. Mais, dans
» le premier moment où on le profère, on ne
» demande et l'on ne croit désirer autre chose
» que d'être écouté. Patience! le mot a échappé
» en tremblant, il est entendu sans trop de co-
» lère, il est pardonné et permis. Le cœur de
» l'amant recommence à se creuser un vide
» encore. L'aveu, désormais répété à chaque

» heure, est-il bien saisi dans toute sa force?
» Est-il simplement toléré, ou serait-il tout
» bas appuyé? Comment le savoir si l'autre
» aveu n'y répond? Et voilà à l'instant cet
» autre aveu qu'on sollicite. Oh! qu'il des-
» cende seulement pour tout animer et tout
» embellir! Il hésite; on l'attire, on l'arrache
» comme par l'aile; il arrive plus timide et
» plus palpitant que le premier. On l'appri-
» voise; il s'accoutume et chante bientôt avec
» soupirs. Mais alors ce n'est déjà plus qu'un
» mot dont on se lasse : que prouve un mot,
» si doux qu'il soit? se dit-on par ce côté mur-
» murant de la nature qui s'obstine à douter,
» qui veut en toutes choses toucher et voir. Il
» faut des preuves. Mais les preuves elles-mê-
» mes ont leur partie légère et réputée insigni-
» fiante; tant qu'elles ne sortent pas de certai-
» nes bornes, elles ne sont que complaisance
» peut-être et un leurre par compassion; on
» en réclame de vraiment sérieuses pour se
» convaincre. Une fois à ce degré, n'attendez
» plus que confusion et délire. »

« — Mais il n'est rien de tout ceci, s'écria-
» t-elle en retirant presque son bras par un mou-
» vement d'effroi. Non, vos suppositions sont

» des systèmes, vous tourmentez votre vie et la
» nôtre avec les dires de vos philosophes. N'est-
» ce pas que vous ne désirez rien en ce mo-
» ment, et que vous vous trouvez heureux ainsi?»

Je l'assurai, en effet, que j'étais heureux et actuellement sans désir; j'allais pourtant continuer mes distinctions prévoyantes. Mais, en serrant contre ma poitrine ce bras qui avait voulu se retirer, je sentis qu'il appuyait sur le porte-feuille même où était renfermée ma lettre de la veille à madame R. La honte, l'ennui de tous ces discours à demi-mensongers et factices me monta subitement au cœur comme une nausée. Nous touchions à une issue du jardin vers le quartier où madame de Couaën avait affaire, et j'inclinais notre marche pour sortir; mais elle-même me dit que ses courses n'avaient rien de pressant et qu'elle aimait mieux, si je consentais, se promener encore. Je me promis bien, en cet instant, de ne pas donner suite à la lettre parjure, et, un peu relevé à mes yeux par ma résolution intérieure, je m'abandonnai plus volontiers à l'action prolongée du doux soleil pénétrant et de ces autres rayons plus rapprochés qui m'arrivaient dans une fraîche haleine. Je rétractai par de-

grés, comme elle le voulut, mes précédentes paroles. Je lui accordai que c'étaient des suppositions fantastiques et presque des jeux comme ceux des patineurs du bassin, qui se plaisent à alarmer pour faire preuve d'adresse. Car, attentifs à ce gai tableau dont nous approchions, les enfans marchaient devant nous en se tenant par la main, et ils se retournaient souvent avec des cris et des rires pour nous le faire admirer. Et madame de Couaën, me trouvant docile et radouci à sa voix, répétait d'un air d'heureux triomphe : « Eh bien donc, à quoi bon tous
» ces échafaudages que vous entassiez? vous
» voyez maintenant qu'il n'en est rien. Vous
» nous aimez toujours de même; ou si vous
» avez aimé un moment comme il ne faut pas,
» ce n'est déjà plus. S'il y avait danger d'ailleurs,
» je vous guérirais. Vous viendrez à Blois comme
» partout où nous serons. M. de Couaën a en
» vous une confiance parfaite, et j'en ai une
» immense. »

Elle ne fit que très-peu des courses projetées ce jour-là. En passant chez madame R., nous ne la trouvâmes pas, heureusement, et j'inscrivis le nom de madame de Couaën, sans y joindre le mien. Nous voulûmes réserver la visite à mademoiselle de Vacquerie et le reste pour le lendemain, afin d'avoir à recommencer la même promenade. — A peine rentré dans ma chambre, je m'empressai de brûler cette lettre à madame R., et je fus allégé et comme absous en la voyant s'anéantir. La facilité avec laquelle l'objet lui-même s'affaiblit en ma pensée pour quelque temps me montra mieux la folie de mon transport, et combien nous nous créons au cerveau de fausses ardeurs par caprice forcé et à coups d'aiguillon.

La promenade du lendemain fut très-semblable à la meilleure moitié de la première, et repassa, comme à souhait, sur les mêmes traces : blanc soleil, temps vif et gelée franche; retour aux propos de la veille dans les allées déjà parcourues. Il y eut bien encore, en commençant, quelque débat entre nous sur la manière dont j'avais besoin, moi aussi, d'être aimé. Elle m'accordait de m'aimer à l'égal et comme l'aîné de ses enfans. C'était une glorieuse part et qui fermait la bouche à la plainte, en n'apaisant pas le désir. Toutes les fois qu'il s'agissait de la difficulté pour moi de me maintenir dans la nuance permise, et que, sans reproduire le raisonnement de la veille, j'y faisais quelque allusion, elle rompait court à plus d'insistance et répliquait d'un air assez mystérieux et confus : « Oh! pour cela, j'ai » bien réfléchi à vos paroles d'hier; j'ai songé » à un moyen de prévenir le mal, et j'en sais » un possible, je le crois bien. » Et si je lui demandais quel moyen merveilleux elle avait trouvé, elle éludait la réponse. Cette réticence à la fin me piqua; ce ne fut qu'aux derniers tours de la promenade, que, pressée de questions et d'envie secrète de dire, elle s'y décida non sans beaucoup d'embarras charmant et de prière de ne pas me moquer : « Je n'entends » rien à ces sujets, balbutiait-elle; mais puis- » que les désirs qui vont croissant, à ce que » vous prétendez, diminuent au contraire et » passent (vous en convenez vous-même) une » fois qu'ils sont satisfaits, pourquoi ne pas » supposer à l'avance qu'ils sont satisfaits dès » long-temps, et ne pas garder tout de suite le » simple et doux sentiment qui doit survivre ?» Avant d'achever ces mots, elle avait rougi de mille couleurs.—« Et voilà votre grand moyen? » lui dis-je : est-ce donc qu'on peut supposer » ces choses à volonté, enfant que vous êtes?» Mais il lui semblait que cette supposition pou-

vait toujours se faire. — « Allons, consolez-
» vous, ajoutai-je ; je sais, moi, un moyen plus
» efficace que le vôtre. J'ai remarqué que le
» désir, en ce qu'il a de fixe, d'habituel et d'in-
» corrigible, est toujours un peu en raison de
» l'espérance. C'est d'espérance toujours que se
» nourrit obscurément et à la dérobée le désir,
» sans quoi il finirait par périr d'inanition et
» du sentiment de son inutilité. Le désir n'est
» guère qu'une première espérance aveugle,
» audacieuse, déguisée et jetée en avant au ha-
» sard, comme une sentinelle perdue près du
» camp ennemi ; mais il sent derrière lui, pour
» le soutenir, le groupe des autres espéran-
» ces. Or, je me convaincrai bien par rapport
» à vous, Madame, du néant de toute espé-
» rance, et je découragerai ainsi mon désir. »
— « Eh bien, c'est cela, me dit-elle ; j'étais
» bien sûre qu'il y avait en effet un moyen ;
» vous l'avez trouvé. Et puis il ne s'agit que de
» veiller là-dessus peu d'années encore ; l'âge
» viendra assez tôt, qui, de lui-même, arran-
» gera tout. » C'est par de tels échanges, in-
génus ou subtils, qu'en ces derniers momens
d'illusion mutuelle, se flattaient et s'épanouis-
saient nos cœurs.

Chez M. de Vacquerie, où nous étions allés à travers notre promenade, il avait été dit dans la conversation je ne sais quel mot insignifiant sur madame de Greneuc et mademoiselle Amélie, qui m'avait fait une impression pénible comme tout ce qui se rattachait à ces temps et à cette histoire. L'idée de mes torts anciens confirma en moi la résolution de n'en pas avoir du moins de nouveaux. J'en revins à projeter sérieusement une vie de sacrifice. La noble image de mademoiselle Amélie m'inspirait naturellement cela. Je me dis donc que, si l'affaire de Georges me laissait libre, ainsi qu'il devenait à chaque instant plus probable, j'irais et j'habiterais à Blois, mettant mon avenir entier à décorer l'existence de mes amis. Tout empire de madame R. avait disparu. Pour mieux m'affermir dans mon dessein et m'enlever le prétexte même des scrupules honorables, je m'avisai, en rentrant, d'écrire au marquis; dans cette lettre, après bien des effusions et des entourages sur ses blessures, je lui touchais quelque chose de l'état de mon propre cœur, de certaines anxiétés vagues que j'y ressentais, et des passions toujours promptes de la jeunesse, lui demandant s'il ne voyait d'inconvénient pour personne à cette union de plus en plus étroite où il me conviait. Je n'aurais jamais pris sur moi de lui articuler en face un mot à ce sujet ; je n'aurais point d'ailleurs été sûr de le faire dans la mesure délicate qui convenait, et c'est pourquoi je préférais écrire. N'y avait-il pas aussi dans cette singulière démarche une arrière-pensée non avouée d'être plus libre désormais selon l'occasion et plus dégagé de procédés à son égard, l'ayant, en quelque sorte, averti? Je ne pense point que cette méchante finesse se soit glissée là-dessous ; mais la nature est si tortueuse et si doublée de replis, que je n'oserais rien affirmer. Le soir donc, en le quittant, je lui remis un peu honteusement la lettre, et lui dis de lire cela et qu'il me donnerait réponse le lendemain.

Nous étions au lendemain, au jour du départ. Vers huit heures et demie, j'assistai dans la chapelle du petit couvent, avec madame de Couaën, les enfans, et toute la communauté, à la messe qui avait pour but spécial d'implorer un heureux voyage et un séjour là-bas non troublé. Au lieu d'un livre de messe, comme un simple fidèle, et de suivre pas à pas les saints mystères, j'y avais porté, pour lire, le volume de l'*Imitation* : je comptais méditer et non prier. Mais ce traité si excellent, joint à l'impression de la solennité dans l'étroite enceinte, aux hymnes par momens chantés tout haut, qui succédaient à la récitation murmurée du prêtre, opéra inopinément sur moi et me sollicita à de vifs retours. J'y lisais, dans ce précieux livre, toutes sortes de réponses directes aux questions sourdes qui m'agitaient; par exemple : « Ne soyez familier près d'au- » cune femme, mais, en commun, recom- » mandez toutes les honnêtes femmes à Dieu. » Et, si je m'alléguais que ce verset s'appliquait surtout à des moines, je trouvais bientôt cet autre, que je ne pouvais récuser : « Opposez- » vous au mal dès l'origine, car voici la mar- » che : d'abord une simple pensée qui traverse » l'esprit, puis une image forte qui s'y atta- » che, le plaisir par degrés qu'on y prend, et le » mouvement à mauvaise fin, et l'abandon. » Et plus loin, à propos des vaines délices qu'on poursuit dans le désordre et qu'on recueille dans l'amertume, je lisais encore et répétais avec adhésion fervente (et j'aurais frappé ma poitrine, si j'avais osé) : « Oh ! qu'elles sont courtes,

qu'elles sont fausses, qu'elles sont déréglées et honteuses toutes! » Et au moment où, pénétré de ces misères, et saisi d'un élan nouveau, je m'écriais en moi-même : « Que ne puis-je persévérer en ces pensées ! » comme je reprenais le livre et le rouvrais au hasard, un des rayons du matin, m'arrivant par un coin de vitrage bleu du fond, tomba tout exprès, pour illuminer à mes yeux ce verset secourable : « Quelqu'un dont la vie se
» passait dans l'anxiété, et qui flottait fréquem-
» ment entre la crainte et l'espérance, un cer-
» tain jour, sous le poids d'un chagrin, étant
» entré dans une église, s'y prosterna devant
» un autel, en prière, et il se disait tout bas :
» Oh ! si je savais que je dusse dorénavant per-
» sévérer ! Et incontinent il entendit au dedans
» de lui l'oracle divin qui répondait : Si tu sa-
» vais cela, que voudrais-tu faire ? Fais donc
» maintenant ce que tu voudrais faire alors, et
» tu seras apaisé. » Il me parut que j'étais exactement ce *quelqu'un,* à qui s'adressait la règle infaillible ; l'inspiration du bienfaisant conseil se répandit sur toute cette journée et les suivantes : vous verrez si elle durera.

Étant allé dans la matinée chez le marquis, il me reçut avec un mouvement vrai d'affection

et une rapidité délicate qui m'adoucit l'embarras : « Mon cher Amaury, dit-il aussitôt, je
» vous remercie de votre consolation si iné-
» puisable et de votre cordiale confiance. J'a-
» vais déjà pensé aussi à quelques inconvéniens
» que vous m'indiquez, et je n'avais pas été con-
» vaincu. C'est vous-même surtout que vous
» devez consulter, en définitive. Mais ne vous
» mettez pas, je vous prie, à tourmenter avec
» votre pensée inquiète une situation simple,
» que tous les bons et loyaux sentimens garan-
» tissent. On se crée parfois les inconvéniens
» à force d'y songer et de les craindre; comme
» si l'on creusait un beau fruit intact pour
» s'assurer du dedans. C'est là un défaut dont
» vous avez à vous garder, mon précoce ami.
» N'imitez pas ceux qui se dévorent! Que si
» vous voulez savoir, après cela, mon avis et
» mon espoir, je vous dirai qu'hier je comp-
» tais sur votre prochaine et habituelle présence
» à Blois au milieu de nous, et qu'aujourd'hui
» je n'y compte pas moins. » J'étais trop mal à
l'aise en pareille matière, trop ému de cette
tendresse de l'homme fort, pour y répondre
au long; j'aurais craint d'ailleurs, en levant les
yeux, de surprendre une rougeur à sa sévère

et chaste joue. Je lui serrai vite la main, en murmurant que je m'abandonnais à lui, et nous changeâmes de sujet.

 Le départ n'ayant lieu qu'au commencement de la soirée, nous dînâmes tous réunis au petit couvent. Le marquis avait obtenu d'en être, et le banquet d'adieu se célébra au complet. On se mit à table vers trois heures ; ce fut lent, recueilli et silencieux. On ne s'entretint guère d'abord que des détails du voyage, mais un profond sentiment concentré unissait les âmes. Nous étions douze, je crois, et pas un seul d'indifférent. Madame R. elle-même, survenue avant la fin, s'était assise de côté. Tandis que, dans la dernière heure, les propos se mêlant davantage, madame de Cursy et son neveu reparlaient d'époques et de personnes anciennes, du bout de la table où j'étais, il m'arriva de contempler au jour tombant et d'interpréter tous ces visages. Que d'êtres de choix dans ce petit et obscur réfectoire ! pensais-je en moi-même, que de vertus ! que de souffrance ! La vie humaine n'était-elle pas là tout entière représentée ? Sur cette figure sillonnée de rides, sans trace de sang et comme morte, de madame de Cursy, apparaissait le calme céleste, mérité dès ici-bas, la possession acquise de l'impérissable port au sein des tempêtes. A côté d'elle et de ses religieuses, l'idéale figure de sa nièce me peignait l'amour pur encore, l'amour ne se passant plus pourtant de simulacre humain et d'appui, mais moyennant cet appui d'un cœur qu'il réclame, se faisant aussi, dès cette vie, un port, un cloître, une sécurité sainte, une ignorance profonde. Puis deux beaux enfans qui se jouaient dans la gaîté de leur âge et la mobilité de l'innocence : en eux, en eux seuls de nous tous, les grâces et les tremblantes promesses de l'avenir ! Au-dessus, et par naturel contraste, ce front foudroyé du père, comme d'un roi proscrit, naufragé, qui s'assied à la table d'une abbaye fidèle et que son deuil trahit sous son dépouillement et sa nudité. Et madame R. aussi, sur sa chaise de côté, autre blessée silencieuse, représentant mélancolique de ce monde du dehors, pour les affections frêles, attiédies, abusées, insuffisantes ! Oh que d'êtres de choix et de douleur, répétais-je ! quelle réunion à l'écart ! que de passions saignantes ; que de passions guéries ! que d'âmes sans faste ! Et moi qui restais là, interprétant le tableau, passant tour à tour à chaque personnage, qu'étais-je et que voulais-je moi-même ? Oh! ce n'était pas le monde qui me rattirait alors vers ses objets. Entre cette intéressante tristesse de madame R. et cette austérité sereine de madame de Cursy, je n'eusse pas hésité un moment, j'eusse dit : Dieu et la solitude plutôt que le monde! mais ce qui s'offrait le plus selon mon vœu, c'était la perspective d'alléger l'angoisse de cœur du Roi naufragé, de seconder cet autre cœur tendre qui avait besoin d'un miroir humain, et de lui en servir en pur désintéressement de pensée et reflétant au fond le ciel.

Entrez bien dans mon émotion d'alors, mon ami, entrez dans l'impression agrandie que j'en retrouve à cette heure! Vous qui m'avez tant suivi sur la colline, n'ayez pas d'ennui de vous asseoir. Il y a peu à faire pour que ce banquet, où j'assistai presque en silence, représente l'ensemble de ma première vie, et en soit, dans les portions les plus avouables, une expressive figure. Le jour baisse, les lumières ne sont pas encore apportées, la blancheur joue diversement à tous ces fronts. Comptez et distinguez ce petit nombre d'êtres; ils ont le plus influé sur moi. Éloignez, éloignez davantage cette chaise de madame R. ; supposez-en une, également à distance, où s'entrevoie la blanche robe de mademoiselle Amélie. Que madame de Couaën resplendisse dans l'ombre plus fixement ! Que quelques formes vagues, quelques soupirs familiers attestent la présence, à l'entour, des parens chers et trop tôt perdus ! Ces cinq ou six religieuses, dont les noms et les visages se confondent pour moi, c'est comme un chœur voilé des bonnes âmes qu'on a rencontrées en son chemin. Ne voilà-t-il pas, mon ami, tout une vie évoquée et peinte ? n'auriez-vous donc pas aussi dans le souvenir quelque banquet obscurément solennel, quelque cadre ineffaçable où se tiennent rassemblés les êtres principaux de votre jeunesse? Qui n'a pas eu la Pâques juive du pélerinage ? qui n'a pas eu, quelque soir, un reflet du souper d'Emmaüs ?

L'entretien se prolongeait, et peut-être mon rêve, lorsqu'on annonça que l'officier de police, chargé d'accompagner M. de Couaën à la Conciergerie, venait d'arriver. Nous nous levâmes à l'instant, et ce ne fut plus que préparatifs et confusion d'adieux. Le marquis et son surveillant montèrent bientôt dans une voiture ; madame de Couaën, les enfans, madame R. et moi, nous suivîmes dans une autre. Descendus à la cour de la Conciergerie, nous y trouvâmes la chaise tout attelée. Il était nuit close, les lanternes éclairaient tristement notre attente. Le lieutenant de gendarmerie destiné pour le voyage étant enfin apparu, il n'y eut plus qu'à s'embrasser et à s'envoyer de courtes paroles d'espérance : « A bientôt, dans trois semaines ! m'écriai-je en agitant une dernière fois la main. » Et je m'éloignai à pas lents, donnant le bras à madame R., que je reconduisis jusqu'à sa porte, — tous les deux remplis de ce départ, et sans dire mot d'autre chose.

Ma jeunesse n'est point à son terme; elle ne fait, ce semble, que commencer aux yeux du monde; on la croirait fertile en promesses, tournant le front aux futures jouissances. Et pourtant, mon ami, le plus beau de sa course est achevé dès à présent; le plus regrettable s'en est allé. Arrêtons-nous un instant pour pleurer sur elle comme si elle était morte, par elle a reçu la blessure dont plus tard elle mourra. Je puis répéter aujourd'hui avec le grand Saint pénitent : Et voilà que mon enfance est morte, et je vis. Et voilà que mon adolescence et la plus belle portion de ma jeunesse sont mortes, et je vis. Les âges que nous vivons sont comme des amis tendres, et d'abord indispensables, qui ne se distinguent en rien de nous-même. Nous les aimons, nous habitons en eux; ils ne font qu'un avec nous. Leur bras familier s'appuie à notre épaule; leurs grâces nous décorent. Ils nous sont Euryale, et nous leurs sommes Nisus. Mais une fois en pleine route, ces âges si charmans sont des amis bientôt lassés qui se détachent peu à peu, et que nous-même nous laissons derrière comme trop lents, ou dont nous sépare, au passage, quelque torrent irrésistible. Ils expirent donc, ces amis d'abord tant aimés; ils tombent en chemin, plus jeunes que nous, plus innocens, et nous poursuivons le voyage avec des compagnons nouveaux, dans une carrière de moins en moins riante et simple. Mon enfance m'a connu si pur! que dirait-elle en me voyant si intrigué, si capable de ruse, et par momens si sali? Que dirait Euryale, s'il voyait son Nisus l'ayant oublié, parjure à la vertu, et s'énervant lâchement au sein d'une esclave? Répétons-nous souvent : Oh! que nos âges d'autrefois, ces jeunes amis morts, s'ils revenaient au monde, rougiraient de nous voir ainsi déchus !

Mon enfance est donc morte, elle est morte assez tard, et si je voulais vous marquer son dernier jour, ce serait probablement celui où, entrant à la Gastine, j'y cherchai pour la première fois avec trouble un doux visage. Ce seuil, si souvent foulé depuis, est comme la pierre sous laquelle dort enseveli le dernier jour de mon enfance. Ce qui restait d'elle dans mon adolescence commencée expira alors, et je devins un adolescent plus décidé, un jeune homme. Que si je cherche, après, quand s'éteignit la dernière lueur d'adolescence mêlée à l'aurore de ma jeunesse, ce fut, je crois, sur la pâle bruyère, au retour de la Gastine, le soir où mon cœur inconstant répugna aux suites du virginal aveu. Ce fut là que cette adolescence, bonne, aimante, pastorale et qui ne rêve qu'éternelle fidélité dans une chaumière, me quitta, moi, déjà trop ambitieux et trop subtil pour elle. Elle me quitta sous la lune, à travers les genêts, comme une sœur blessée qui s'éloigne sans bruit en pleurant, et il y eut peut-être dans ma tristesse délicieuse un sentiment d'adieu vers cet âge indécis qui venait de fuir. A compter de cette heure commença mon entière jeunesse, et je n'eus plus qu'elle pour compagne assidue. Mais si cet âge a deux génies dont l'un succède à l'autre trop vite émoussé, il me semble que le premier, le plus frais des deux et le plus brillant (bien que souillé lui-même), est atteint déjà d'un coup funeste, d'un déchirement dont il va languir, et qu'un compagnon moins enchanteur s'essaiera désormais en moi à le remplacer. Bois de Couaën, pente de la Montagne, et vous aussi, allée d'Auteuil, terrasses des Tuileries, table frugale du couvent, récens objets embrassés avec tant d'amour, vous sentirai-je jamais de la même âme que dans ces vives journées? si je vous revois par la suite et dès demain, sera-ce jamais sous vos couleurs d'hier?

Ainsi les phases s'accomplissent en nous, ainsi nos âges intérieurs se déroulent silencieusement et se séparent. Nous sommes au fond comme un lieu rempli des inhumations précédentes, comme une salle de festin funèbre où siégent tous ces fantômes des âges que nous avons vécu. Et ils se heurtent ensemble, et ils nous troublent en gémissant, ou dorment d'un sommeil agité. Heureux si, à la longue, et à force d'expiations pratiquées par nous, ils deviennent de purs esprits réconciliés, qui veillent du dedans, et qui chantent de concert, implorant la délivrance commune !

Si les âges successifs par où l'on passe sont comme des amis dont les premiers tombent en chemin et dont les plus aguerris remplacent et supplantent les plus tendres, il s'ensuit que les âges derniers venus sont seulement de ces amis qu'on rencontre tard, et avec qui on ne lie jamais une si étroite tendresse. La fraîche écorce du cœur s'est refermée et endurcie. Ils ne nous connaissent pas dès l'origine, ils ne rentrent pas jusqu'en nos replis antérieurs, et nous leur rendons leur indifférence au milieu même du commerce actif où nous paraissons être ensemble. Aussi ces âges moyens laissent-ils en nous peu de traces intimement gravées. Pour corriger cette indifférence et ce froid trop naturel aux derniers âges, il faut qu'en mourant, chacun des premiers lègue aux suivans ses souvenirs, son flambeau allumé, comme il est dit des générations dans le beau vers du poète; il faut que chaque âge mort soit enseveli et honoré avec piété par son successeur, ou racheté et expié par lui. De la sorte, les âges se suivent en nous; en n'étant pas étrangers les uns aux autres ni à nous qui les portons, ils entretiennent et perpétuent l'esprit d'une même vie. Nous arrivons vieux en face d'un âge ami, qui a reçu de ses devanciers la tradition de notre enfance, et qui sait de quoi nous parler longtemps; nous vivons avec cette vieillesse, d'ordinaire fâcheuse, comme avec un saint vieillard qui nous présenterait chaque jour dans ses bras notre berceau.

Il me semble que le génie des fraîches années vient de recevoir en moi une atteinte, vous disais-je. Mais du moins sa douleur a répondu par de graves et pieuses promesses. Saura-t-il et saurai-je les tenir? Si son union avec moi a été trop souvent jusque-là gâtée de mollesse, de honteux désirs, d'abandon sensuel, de ruse égoïste et de raffinement, ce dernier jour a été repentant et soucieux du bien. Est-ce assez pour qu'un vœu formé le matin mérite si aisément de s'accomplir? Oh! trop de mauvais germes sont chez moi en travail, trop de corruption a entamé mon cœur; les penchans acquis veulent pousser leur cours. Si j'étais resté chaste, mon ami, si je l'étais resté de fait et aussi de pensée, autant qu'on le peut toujours en s'observant, il est à croire que, dans la position ambiguë, délicate, à laquelle je n'eusse sans doute pas échappé pour cela, j'aurais eu néanmoins la force de nourrir la bonne inspiration naissante et de la mener à fin. Qu'eût-elle été, cette inspiration bonne? que m'eût conseillé en une conjecture si compliquée la vertu elle-même? Aurait-ce été, en effet, d'aller à Blois, de subir aussitôt que possible ce séjour plein de gêne, d'attrait et de vigilance? N'eût-ce pas été plutôt le retour régulier et guérissant vers mademoiselle de Liniers? Aurait-ce pu être déjà l'abjuration du monde, l'étude sacrée, et la haute avenue du sacerdoce? Si je m'étais trouvé en de tels momens assez maître de moi, de ma volonté et de mes actes, pour les apporter en humilité aux pieds de Dieu, et attendre sans rien enfreindre, qu'en fût-il sorti par le complément de sa grâce? Je ne sais; mais, à coup sûr, la diversion nouvelle où vous m'allez voir jeté sera le contraire de ce qui eût été bien. C'est que j'avais beau être humble et non aveuglé par mon amour, et en quête d'une droite issue, le plus misérable vice, auquel mes yeux ne savaient pas se fermer, perdait en un moment tout l'effort d'une journée d'examen sincère, et ruinait l'équilibre supérieur, s'il eût été près de s'établir. C'est que, malgré toutes les velléités de conscience, tous les élans et les soupirs d'en haut, rien de suivi, de désintéressé et de pur, n'était praticable avec cette secousse de l'abîme, avec cet écroulement fréquent et caché. Qu'importe de veiller et d'observer au front des tours, et d'interroger les étoiles, si le traître et le lâche livrent à chaque instant la porte souterraine par où pénètrent les eaux ?

Vous ne dédaignez pas, mon ami, ces explications arrachées au fond même de l'individu, ni les ressorts privés derrière lesquels je vous introduis si avant. Plus je serre de près mon mal et vous l'indique à sa source, plus il y a chance pour que vous disiez : « C'est comme cela en moi, » et que vous preniez courage en songeant d'où je suis revenu. Ce n'est pas de la petite morale en vérité (et il n'y en a pas de petite) que je vous fais ici dans cette confession, où mon âme exprime votre âme ; c'est de la morale unique, universelle. Après tout, les grands événemens du dehors et ce qu'on appelle les intérêts généraux, se traduisent en chaque homme et entrent, pour ainsi dire, en lui par des coins qui ont toujours quelque chose de très-particulier. Ceux qui ont l'air de mépriser le plus ces détails, et qui parlent magnifiquement au nom de l'humanité entière, consultent, autant que personne, des passions qui ne concernent qu'eux et des mouvemens privés qu'ils n'avouent pas. C'est toujours plus ou moins l'ambition de se mettre en tête et de mener, le désir du bruit ou du pouvoir, la satisfaction d'écraser ses adversaires, de démentir ses envieux, de tenir jusqu'au bout un rôle applaudi ; si l'on pesait l'amour du seul bien, que resterait-il souvent ? Et quant aux résultats qui sortent de mobiles si divers, je trouve que les vagues influences sociales, ainsi briguées et exercées au hasard, doivent trop prêter à des applications téméraires et à de douteuses conséquences : cette grande morale aventureuse, qui ne s'arrête pas d'abord à quelque mal causé çà et là, finit-elle nécessairement par quelque bien ? Mais, sans prétendre nier ce qui se rapporte aussi en cette voie à une part de conviction généreuse, sans contester la parole libre et une honnête audace à qui croit avoir une vérité, combien, selon moi, le perfectionnement graduel, la guérison intérieure et ce qui en provient, l'action, autour de soi, prudente, continue, effective, les bons exemples qui transpirent et fructifient, conduisent plus sûrement au but, même à ce but social tant proposé. Lorsqu'on se jette dans l'action sociale avant d'être guéri et pacifié au-dedans, on court risque d'irriter en soi bien des germes équivoques. Jésus purgeait le Temple avant d'y prêcher la foule. Tournons-nous donc, mon ami, en toute assiduité, au nettoiement et à la clarté du dedans. La vraie charité pour les hommes sort de là ou y mène. Pureté pour soi, charité pour tous, c'est-à-dire, morale individuelle et morale sociale, c'est une même génération de vertus en nous. Si la pureté commence et ne suscite pas la charité, elle ne reste pas pureté long-temps, elle devient terne et sordide. Si la charité commence et ne procure pas la pureté, c'est qu'elle n'est qu'une flamme d'un moment et de peu d'ardeur. Je ne saurais vous exprimer combien ce lien rapide entre les deux me paraît nécessaire. Isolé de bonne heure et jeté de côté, en proie à une longue lutte intestine, j'ai pu m'écouter de près, et j'ai senti toujours les sources du bien, même général, les racines de l'arbre universel remuer et être en jeu jusque dans les plus secrètes portions du moi. Tâcher de se guérir intimement, c'est déjà songer aux autres, c'est déjà leur faire du bien, ne fût-ce qu'en donnant plus de vertu aux prières de cœur qu'on adresse pour eux. Toute la morale du Christianisme m'a confirmé dans cette exacte croyance.

FIN DU TOME PREMIER.

Librairie de L. Gauman et C⁰.

RÉCENTES PUBLICATIONS.

PORTRAITS ET CRITIQUES littéraires, par Sainte-Beuve, 2 vol. in-18.
COURS DE LITTÉRATURE française, par Villemain, 5 vol. in-18.
COURS DE PHILOSOPHIE et de morale, par Damiron, 4 vol. in-18.
ETUDES DE MOEURS ET DE CRITIQUE sur les poètes latins de la décadence, par Nisard, 3 vol. in-18.
HISTOIRE CONSTITUTIONNELLE et administrative de France, par Capefigue, 4 vol. in-18.
HISTOIRE DE LA LIGUE et de la reforme, par le même, 6 vol. in-18.
HISTOIRE DES JUIFS, par le même, 2 vol. in-18.
MANUEL D'HISTOIRE MODERNE, par Heeren, 3 vol. in-18.
MANUEL D'HISTOIRE ANCIENNE, par le même, 2 vol. in-18.

www.ingramcontent.com/pod-product-compliance
Lightning Source LLC
Chambersburg PA
CBHW072017150426
43194CB00008B/1149